女心と秋の空

中谷美紀

幻冬舎文庫

女心と秋の空

目次

はじめに

この連載を始めた頃はまだ20代でした。わずか7年のうちに多くの出逢いや気づきがあり、タイトルの「女心と秋の空」のごとく、私の心の変化は止《とど》まるところを知りません。最も著しい変化は、インド旅行を経て、魚介類は口にするけれど肉食は控えるペスコベジタリアンになったことと、その後6年の間ずっと肉食を避けたために、体力を消耗してしまい、「分子整合栄養医学」にもとづいて再び肉食を始めたことでしょうか。

不足していた栄養が身体に満ちてくると、目の前に見えていた世界が、今までのそれとはまるで異なるもののように思えてきました。巷《ちまた》では肉食系だとか、草食系などと騒がれているようですが、口にする物で本当に心のありようまで変わるということを、身をもって体験したのです。

毎日を心地よく過ごすために始めたエクササイズ「ジャイロトニック」は、新たな気づきをもたらし、今では栄養療法とジャイロトニックのお陰で、心身ともにストレスに強くなったようです。20代のときよりも、40代を目前に控えた今のほうが気力も体力も勝る、そんなことってあるのですね。

そして、気まぐれに人生の悲喜こもごもを綴《つづ》るうちに、自分自身の気持ち云々《うんぬん》よりも、これまでに出逢った素敵な方々や美しい物についてお伝えしたいという気持ちが強くなって参りました。

筆力はまだまだ未熟ではありますが、読者の皆様には、日々のささやかなしあわせを綴った本書をお楽しみいただけましたら幸いです。

Lisière《リジエール》のお洋服

西宮にて行われた映画『阪急電車』の初日舞台挨拶でも着用した、シャネル風ジャケットは、生地違い型違いで毎年作られているのですが、その美しさは垂涎ものです

彼女の作る服は、声高《こわだか》に何かを主張することなく静かで、キリッとしていてそれでいて、袖を通してみると、やさしく身体に吸い付くような着心地の良さに、思わず感嘆の声を上げたくなるような、そんな魅力を持っている。

骨董《こっとう》通りに店を構えるアパルトモンというセレクトショップで、インポートの商品と並んでもその美しさで引けを取らないのが、彼女の育《はぐく》んできた「Lisière《リジエール》」というブランドで、ファストファッションとは対極にある丁寧なもの作りが、本物を求める女性たちを魅了している。

彼女と初めて出逢ったのはパリだった。互いにまだ22歳だった頃、留学生というよりは遊学生が圧倒的多数を占めるパリで、通称サンディカと呼ばれるオートクチュールの学校と、CFMと呼ばれるパタンナー改めモデリストの学校にて、服作りを真摯《しんし》に学んだ彼女は、浮ついたところがなく、いつも落ち着いてしっかりとした信念のもとに暮らしていた。

マルタン・マルジェラの新しいコレクションと、ヴィンテージのイヴ・サン・ローランなどをさり気なくコーディネートしてパリの街を歩く姿はいつも素敵で、まだ見ぬ頃から、彼女の作る服が欲しいと願っていた。

CFMでは成績優秀な生徒のみが許された研修も、彼女に白羽の矢が立ち、洋服を愛する女性なら誰もが憧れるであろうシャネルやバレンシアガといった大きな老舗《しにせ》メゾンの舞台裏で、長年勤めるお局《つぼね》様たちと机を並べて仕事をする機会を得たという。パリコレの準備に忙しい時期は例外として、9時から5時まで集中して洋服と向き合い、定時で帰宅する潔い仕事の仕方からは、日々の暮らしを大切にしつつ、生き方そのものを反映させた服作りという、もの作りの核を学んだのではなかろうか。

そうしたメゾンでの研修を経て、ラコステやエルメスのデザイナーを歴任するクリストフ・ルメールのもとにて洋服の型を作るプロフェッショナル「モデリスト」として彼女のキャリアは始まった。洋服の型を作るのだからパタンナーというのが適切なのではないかと思っていたし、彼女自身も日本ではわかりやすくパタンナーを自称していたけれど、実は、パタンナーとモデリストは似て非なるものだということを、出逢ってから15年近く経ってようやく知った。

そもそもオートクチュールの世界では、量産はしないことが原則なので、生地を直接ボディにあてがい、立体的に形作りながらピンを打ち、ハサミで切り込んでいくため、型紙というものが必要ないらしい。顧客の容姿はもちろんのこと、人柄や生活様式にまで思いを馳《は》せて、美しく、かつ動きやすい形を作るのがモデリストなのだという。一方、量産の場合には型紙を作成し、生地の裁断および縫製を工場に委託する必要がある。そうした際の型紙を平面の机の上で作成するのが、パタンナーという役割なのだ。

「電車に乗っていても、街を歩いていても、人がどういう動きをするかに目が行ってしまうんだよね。そればかり見ている」

という彼女は、数年前に自らのブランド「Lisière」を立ち上げてからは、洋服のデザイナーと、立体でその洋服を形作るモデリスト、さらにはそれを型紙に起こすパタンナーを兼任して、彼女ならではの、女性のシルエットを極めて美しく見せる服作りを続けている。それはどこかウォルト・ディズニーが、アニメの制作に動物のデッサンを重視し、解剖学的な視点で生き生きとした動きを捉えたことにも似ている。

今までどれほど彼女の作る洋服に助けられてきたことであろう。八重山諸島を舞台に撮影した写真集『光』ではすべての衣装が彼女の手によるものだったし、映画『7月24日通りのクリスマス』で小百合が最後に着る白い衣装も、彼女が仕立ててくれたものだった。

欲しい洋服が街中で見つからない場合には、彼女にイメージを伝えると、良質な生地を取り寄せて夢を形にしてくれる。公私ともに、彼女なしでは生きられない、そんな身体になってしまった。

日本に帰って来てから勤めた会社にて、決算期を控えて大量に焼却される洋服を目の当《ま》たりにして、思うところがあったという彼女は、世の流れに少しだけ逆らって消費されない服作りを目指している。もちろん消費するお客様がいなければ、経済は回らない。それでも、生涯クローゼットの中に大切に留めておきたいと思える服を作る人が、ひとりくらいいたっていいじゃないかと、私は思う。

なまはげ披露宴

日本海側での記録的な豪雪により、東北地方の交通機関がストップしたその翌日、秋田出身の友人の結婚式が催された。

「ご両親不在の結婚式なんて！」と心配になりつつ、一睡もできぬまま灰桜の色無地で式場へ駆けつけると、明るい日差しの下、白無垢をまとい、綿帽子を被《かぶ》った可愛らしい新婦と、

雪の秋田から新幹線に乗ってやって来た赤い「なまはげ」は、その道44年にもなる大ベテラン桧山《ひやま》さん。参列者を楽しませようという新郎新婦の粋な計らいは大成功でした

照れくさそうな笑みを浮かべる紋付袴《もんつきはかま》の新郎に連なって、ご両親が嬉しそうな顔で歩いていた。めでたし、めでたし。

　神前式の後に行われた披露宴では、緊張した面持《おもも》ちの新郎と、色内掛けを着た美しい新婦が挨拶をするや否や、列席者のひとりが高砂《たかさご》を謡《うた》いはじめた。残念ながら心得がなく、「きみの恵ぞ～、ありがた～き～」という節くらいしか聞き取れなかったものの、かなり達者な御仁である。後ほど聞いたところによると、新郎のご親戚で笠田稔さんという観世流の能楽師で重要無形文化財になった方らしいのだが、お歴々の長い挨拶同様、今や謡《うたい》などに誰も興味を示さないことを承知していて、何の紹介もなく、ステージに登壇するでもなく、ご自身の席にていつの間にやら始めては、終わるなりそそくさと着席して、何事もなかったかのように振る舞うという、実るほど頭の下がる稲穂のような方である。

　そうかと思えば、新婦の幼なじみの女性がムームーを着てフラダンスを踊ってくれた。明るい笑顔と、揺れる腰つき、そして指先まで神経をめぐらせたその踊りは堂々としていて、ほんのつかの間、冬の寒さを忘れそうになったのは私だけではないだろう。

　そして、最も会場が沸いたのは秋田名物なまはげであった。「なまはげ～！　怠ける奴はどこだ～！　なまはげ～」と言って会場を練り歩き、新郎新婦に近づくなり老なまはげがマイクを握り締めて祝言を述べた。

「今日は、おめでとう〜！　私は秋田から出てきたけど、新婦の家も私の家も2メートルの雪の中！　帰ったら、家はないかもしれない！　これは仕方がない！」。雪の重みに家が耐えられるかどうかは深刻な問題にもかかわらず、会場は笑いの渦に包まれた。

「竹にも雪が積もって、たわむけど、竹は絶対に折れない。これは、新郎新婦にも言えること！　どんなに困難があっても、決してくじけないこと！　大雪のせいで、私はホテルに一泊しなくてはいけなくなって、予算がオーバーしてしまったけれど、これもまた仕方がない！　予算オーバーしてもお嫁さんが上手にやりくりして、亭主に文句を言わぬこと！　わはははは！」。ベテランのなまはげは、いかつい面をつけて、とても温かい言葉をかけたのであった。

最後には「私がパリへ留学する前夜、夜行列車に乗ろうとして、ホームで皆に別れを告げたのに、出発時刻を2時間も間違え、乗り遅れたことに気づきましたが、お父さんが車で秋田から成田まで乗せて行ってくれましたね」という、新婦からご両親への手紙に皆が泣き笑いした、素敵な披露宴であった。

インド再び

グジャラート州カッチ地方のビリンディアラという村では、貧しいながらも女性たちが壁にミラーワークを施し、手刺繍が施された服やアクセサリーで身を飾っています

インドへ来たのはこれで5回目になる。

2005年の8月、初めて北インドに足を踏み入れた際には、車道を我が物顔で歩く牛や、物乞いの多さに驚き、恒常的に行われる飛行機のオーバーブッキングや、観光客を欺《あざむ》くことしか考えない狡猾《こうかつ》な人々にうんざりした。

心身のバランスを保つために日頃行っていたヨガを本場で試してみようと、いくつかクラスを覗《のぞ》いて見たところ、熟練した素晴らしい先生に心地よく導かれたこともあれば、参加者の習熟度などお構いなしの先生や、日本でのビジネスを持ちかける怪しい先生にも出会った。パスポートを盗まれ、牛の糞を踏み、様々な場面で騙されたにもかかわらず、北インド旅行から帰った後にすぐ南インドへ旅立ったのは、なんだかんだ言ってもそうした奇想天外な日々が面白かったからなのだろう。

高山病や真冬に浴びた冷水シャワー、さらには洪水で鉄道も飛行機もストップしてしまい、足止めを食らったことなど、大変な記憶ばかりが次々に思い浮かぶけれど、本場のアーユルヴェーダトリートメントは、疲れていた身体の機能が正常に働き始めたのを実感できたし、町の食堂で地元の人々に混じって食べたカレー、とりわけゴアのフィッシュカレーは、とてもおいしかった。

観光客を餌食にしようとするインチキガイドやインチキドライバーなどがあたりまえにいることは否めないけれど、それでも中にはこちらのことを心から慮《おもんぱか》ってくれる親切な人々もいた。

ダージリンでは、今まで飲んでいたものはなんだったのだろう？　と疑いたくなるほど、香り高くかつ控えめな味の紅茶をいただいたし、ネパールにも跨《また》がる世界3番目の高峰カンチエンジュンガの雪を頂いた連峰には目を奪われた。

そうそう、南インドで訪れたヒンドゥー教の寺院では、若くてハンサムな修行僧がたくさんいて、寺院の歴史や建造物よりもそちらのほうが気になってしまった。

グジャラート州のササンギール国立公園で遭遇した野生のアジアライオンは、我々の乗る幌《ほろ》なしジープなどお構いなしで、堂々と地面に横たわっていた。

小さな村の子供たちが、テレビやゲームなど持っていなくても、明るく楽しそうに笑っているのを見ると、幸せってなんだろう？　なんて考えてしまう。

暇に飽かせた旅も、アジャンタ、エローラの石窟遺跡をはじめとする西インド周遊をもって一段落したところで、「パピルス」の表紙撮影のため、再びインドを訪れることになった。

万が一、ここで死んでしまっても誰も気づかないかもしれないとか、このままどこかに売り飛ばされるのではないかとか、また騙されるのではないかと身構えたりする必要もなく、用意されたバスに乗り、決められた場所で撮影をした後は、案内されたレストランで出されたものを食べ、清潔な部屋で眠るという、なんとも快適な旅である。

グジャラート州のブジを拠点にカッチ地方の小さな村や、砂漠、乾いて塩の吹いた湿原などを巡るにも暑い日差しを避けるための傘や、喉を潤す冷たい水が用意され、日本人より語彙が豊富なのではと思わせるほど日本語の達者なガイドさんがついて、宿に帰れば州条例では禁止されているビールですら外国人専用の許可証で、購入済みだったりもする。

インドの強烈な印象も、大勢の人々と行動をともにすることで薄れ、辛い思いや面倒な手はずから一切逃れて、いつもの撮影とあまり変わらない日々が続いた。

尤《もっと》も、スタッフの中には初めてインドを訪れたときの私のように牛の糞を踏んでしまった人もいたし、「パピルス」の編集長が地元の床屋さんで髪を切り、横一直線に入れた鋏《はさみ》で望んでもいなかったボブスタイルにされてしまったりという愉快なハプニングもあったけれど。

あるスタッフが、入国カードのVISA番号記入欄にクレジットカードのVISA番号と有効期限まで書いたという笑い話あり、テレビ番組やCMにクレームや激励の投書をするという、珍しい趣味が発覚したスタッフあり、インドにまつわるできごとよりも、スタッフの相関図を観察し始めた頃、初めて訪れたときのような好奇心や、辛いことすら楽しんでしまおうという冒険心が薄れているのを感じて、いよいよインドとも本当にお別れなのだなあと思った。

慣れない土地で見知らぬ人々と出逢う喜びも、あたりまえのことになりつつあるから、己の贅沢さには呆《あき》れてしまう。

とは言え、改めて北、南、東、西と巡った旅を振り返ってみると、貧富の差が激しく、多様な価値観が混在しつつも、エネルギーに満ち溢《あふ》れた国がこの世の中にあるというのを見ることができたのは、本当に幸せなことなのだと思う。

ゴアでは近海で捕れる魚のカレーが人気です。小魚にセモリナ粉をつけてカラッと揚げたフィッシュフライと、ココナツミルクの入ったフィッシュカレーは絶品でした

インドの街角でよく見かける風景の中に、こうした青空散髪があり、インド人男性の多くはきれいに七三分けにした黒髪をさらにロータスオイルでなでつけていました

Hot, Hotter, Hottest

左手には携帯電話を、右手には煙草を持って忙しいのは、出家した苦行者サドゥーかと思いきや、観光客相手に写真のモデルとなって禄《ろく》を食《は》む職業サドゥーのようでした

20代最後の年にインド旅行を決行し、以来数回にわたった渡印で延べ3カ月ほどを費やした。

ご多分にもれず、仕事への自信を失い道に迷った挙げ句の逃避行だった。

人並みにアーグラのタージマハルやヴァラナシのガンジス河を訪れた後は、アーユルヴェーダ三昧ヨガ三昧で疲れた心身を癒やす日々を送るつもりが、インドの多種多様な宗教を背景とした寺院建築や遺跡巡りに惹かれてしまい、ついつい広大な国を一周することになってしまった。

東西南北で全く異なる様相を呈するインドでは、どこへ出かけても、新鮮な驚きが絶えず、日本の暮らしではあたり前だったことがすべて覆されて、一日の終わりに睡魔に襲われながら綴った日記の題材には事欠かなかった。

初めての旅でパスポートを盗まれ、オートリキシャの運転手とは運賃を巡って毎度折衝し、野良牛の追突を受け、また牛の糞を踏んですべり、高山病に見舞われたり、お腹《なか》を下して七転八倒したりしたことさえ旅の醍醐味であった。

日本で行水をすることなどは皆無に等しかったけれど、給湯を電熱に頼り、わずか20リットルほどのタンクが辛うじて設置してあるインドの宿では水シャワーを浴びることもしばしばだった。Hot, Hotter, Hottest と揶揄《やゆ》される灼熱のインドとはいえ北部へ行けば、ヒマラヤ山脈の麓であって、室温がマイナスにもなろうという夜に震えながらも冷水シャワーで凌《しの》いだことは、忘れがたい想い出である。

旅の道程で様々な人と出逢い、言葉を交わし、そして別れた。商魂たくましいインドの人々に辟易しつつも、その生命力には脱帽せざるを得なかったし、困ったときには必ず誰かが手を差し伸べてくれた。身近な人には決して言えないことを、行きずりの他人だからこそ打ち明けることも多かった。

南インドでは、街中を全裸で歩く男性を目撃した。類人猿のように髪や髭を伸ばし、一糸まとわぬ姿でぶ〜らぶ〜らと歩いているのを移動中の車内から見つけたとき思わず振り返って大笑いしてしまった。今思えば、徹底した不殺生を貫くためにベジタリアンであることはもちろんのこと、土中の虫を殺す可能性があるからと、農業に従事することすら忌避するジャイナ教の修行僧だったのだろう。

そして、小さな村落でカースト制度の最下層にあたる人々の屈託のない笑顔に触れたとき、持てる者より持たざる者のほうが煩いのないことに気づかされた。風雨を凌ぐことができ、温かい食事もあり、着衣に困ることさえなければ十分に幸せなはずなのに、ひとはなぜ多くを求めるのだろう。

所有することと引き替えに心の自由を失った私たちは景気の動向に一喜一憂するけれど、インドの田舎に点在するあばら屋に住まう人々のなんと明るいことか。

最後にインドを訪れてから数年が経とうとしている。彼《か》の地で過ごしたあの3カ月は、多くを学び、また成し遂げた成功体験として、今でも私の人生における指標となっている。

ローマの夜

フランソワ・ジラール監督の『SILK』という映画の撮影をローマで行ったときのことだった。

慣れない国で緊張感に押しつぶされそうになりながら、この作品で演じたマダム・ブランシュのために仕立てられた美しいドレスを身にまとい、英語の長い台詞《せりふ》を話したのだけれど、

ヨーヨー・マも贔屓《ひいき》にしているという我らが食堂は「La Buca di Ripetta」via di Ripetta, 36, Roma で、ポポロ広場から徒歩5分。スパゲティーポモドーロがおすすめです

ようやくすべての撮影を終え、フェリーニがあの『8½』を撮影したという憧れのチネ・チッタを後にしたのは夜の11時過ぎで、身体は疲れていたはずなのに、重圧から解放された嬉しさから、食事に赴くことに。

郊外にあるセットからローマ市内に向けて走ること40分ほどで宿泊先のホテルに到着し、毎日のように通った近所のトラットリアへと歩いたのだが、「食堂」と呼び親しんだその店の灯《あか》りはすでに落ちていた。仕事終わりにいつもの味に触れることが叶《かな》わないのは残念だったが、諦めて周辺の店を探した。

「45分だけならいいよ」という条件付きで入ったその店は、宿泊先のはす向かいに位置するトラットリアで、カジキマグロの燻製とルッコラのサラダ、赤ピーマンのマリネ、シーフードのサラダなどの軽い料理と共にグラス一杯のスプマンテを所望した。

我らが「食堂」には敵《かな》わないものの、それなりに美味《おい》しい食事を終えて約束の時間より少々早めに席を立とうとすると、「せっかくだからもう一杯飲んでいけばいいじゃないか」というボーイ君によって、再びグラスが満たされた。

「本当はもう閉店で断ろうかと思ったんだけど、非常灯が『ブーッブッ』って音を立てながら点滅して、店内の美女しか映らない鏡に君たち3人がまるで3輪の花のように映ったんだ！」

今どきそんな歯の浮くような台詞を口にする人間がいるのかと驚いたものの、イタリア男が吹く大ぼらの数々があまりにも愉快で大笑い！　結局その場に留まることとなった。

「ここから先はサービスだから」と惜しげもなくスプマンテが振る舞われ、5カ国語を話すことを誇りとするボーイ君と、最近離婚したばかりだという店主によって、まるでキャッチセールスのような打々発止《ちょうちょうはっし》のトークが間断なく繰り広げられる。

イタリアに来た理由を問われて、「白馬に乗った王子様を探しに来た」と返答すると「王子様っていうのは、働き者がいい。でないと煙草の一本も買えないからね。それから5カ国語を話せて、バチカンあたりの馬車でもなんでも連れてくるナイスガイさ。BMWなんかに乗ってる奴よりよっぽどいいね」と自己アピールに余念がないボーイ君。

「マルチェ〜ロ〜♡」というおだてに乗って、イチゴやらアイスクリームやらを3本目のスプマンテと共に持って来ては、「さっきのボトルのほうが美味しかった」とメイクさんに文句を言われる店主。

耳にタコができるほど褒められながらの無銭飲食は深夜におよび、我々を口説いても無駄だとようやく気づいたのか、終《しま》いには「こちらの思惑には嵌《はま》らないくせにお前ら好き放題だな。もう帰れ！」と言い放つイタリア男たちであった。

間違えてもいい

近頃の私は、冬の衣装をまとい、『7月24日通りのクリスマス』というロマンチックコメディーを撮影中で、自らの住む長崎にポルトガルのリスボンを重ね合わせてイメージするという、妄想癖のある地味で冴えない市役所職員、小百合を演じている。

間違いを恐れて、自分で決めた枠の中から抜け出せない小百合に、今現在の少し自信のな

ポルトガルは海に面しているため、海産物を用いた料理が豊富です。アサリの白ワイン蒸しに干しダラのコロッケ、イワシのグリルなど、日本人好みのシンプルなものが数々

い自分を投影してみたり、恋をする勇気など持ち合わせていなかった小百合がイメージチェンジをはかり、初めの一歩を踏み出そうというシーンに合わせて、柄にもなくエビちゃんファッションを研究してみたり……。

　ある朝メイク室でのこと、灼熱のポルトガルでクリスマス映画の撮影はさぞかし大変だろうという話に花が咲き、メイクさんや父親役の小日向文世さんと、ああでもない、こうでもないと想像をしていたところ、「あれ？　この映画ってポルトガルに行くの？」ある女優さんがさり気なく放ったひとことに、一瞬その場が静まり返った。

「あのぉ、失礼ですが、台本、ちゃんとお読みになりましたか？」

　挙手と共に尋ねてみると、その女優さんは悪びれもせず、「ええ？　ばれちゃったぁ？」と笑った。よくよく話を聞いてみると、物語の舞台が長崎だということを把握しているかどうかも疑わしい。

「ええと、じゃあ、今日これから撮るシーンは何だかご存知ですか？」

「それくらいは、わかってるよぉ。小百合ちゃんに〇〇〇〇って言うシーンでしょう？」

　どうやら、自分の出演シーンだけは、一応読んでくれているらしい。

　以前なら呆れて物も言えなくなったであろうこの会話を最高に楽しめたのは、この女優さんが、存在するだけで温かいオーラを放つ魅力的な人で、とにかく愛されキャラだったから。

覚えて来たと言うわりに、リハーサル時には、台詞の順番が巡ってきてもなかなか口を開こうとしなかったり、前後のシーンなどお構いなしだったりするのだけれど、監督の意図を読み取るバランス感覚に優れていて、緻密な計算や練習などしなくとも、本番には必ず皆が引き込まれるような素晴らしい演技を見せてくれる力のある人なのだ。

あらかじめ枠を設けるのではなく、常に自分の置かれた状況を瞬時に把握して、その場で次の手をひねり出すというそのスタンスに、来るべき運命をすべて受け止め、順応できるだけの大きさと聡《さと》さを感じて、演技だとか、映画だとか、そんなものを遥かに超えて、ひとりの人間として、スゴイと思ってしまった。

小百合も、そして、私自身も、この女優さんのような柔軟さを身につければ、もっと楽に生きられるのかもしれない。作品のテーマでもある、「間違えてもいい」を言葉にせずに教えてくれた、そんな人なのだ。

秋のトレッキング

今年の夏は富士山に登ろうと、友人たちに声をかけてみたものの、興味を持つ人間が予想外に多く、個性豊かな友人知人をひとまとめにするだけの統率力を持たぬ私が主催となると、あちらを立てればこちらが立たず状態のなんとも居心地の悪い集団になりそうで、人選を迷っているうちに8月も終わり、富士は閉山を迎えた。

鳥海山伏流水の湧出泉「出坪《でつぼ》」にて。わずかに浸した手が痺れるほど冷たかったのですが、透明度の高いその水は、喉越しが大変よろしく、いくらでも飲めてしまうのです

ついに今年中の富士登頂は叶わなかったものの、秋らしくトレッキングでも始めようと、アウトドアショップを梯子《はしご》すること2日間。ダナーのワークブーツに、パタゴニアのテクニカルフリース、撥水性《はっすいせい》に富んだラフマーのウインドブレーカー、カリマーのバックパックなど、まずは形から入ってみる。

ひととおり道具を揃えたところで友人と向かったのは、日本海に臨む秋田県。松食い虫によって枯れてしまった防砂松林を傍目《はため》に見ながらひたすら海沿いの国道を行き、途中道の駅に立ち寄ってはトコブシやつぶ貝の串焼きを買って食す。

鳥海山麓の獅子ヶ鼻湿原植物群落へは、秋田市内から1時間ほどで到着した。遊歩道への入り口に広がる草原では、友人の家族と共におにぎりや「あきた香り五葉」なる枝豆をおいしくいただき、身支度を整えると霧に霞《かす》む奇形ブナ林を歩き始めた。

買い物の際には軽視していた登山用ストックを手渡され、実際に使用してみると、なるほどスプリングの利いたT字のそれはよくできた代物《しろもの》だった。降り始めた雨で次第に滑りやすくなった遊歩道や、多少の昇降を伴う山道も、股関節や膝関節にかかる負担が分散されて楽に歩けた。

奇形ブナとは、真っ直ぐ伸びる本来の性質に逆らって地面から一メートルのあたりで変形したもののことで、その原因は雪、炭焼きのための伐採などと推測されるものの定かではないらしい。

ぬかるんだ足元にばかり気を取られて、前方への注意を怠り、突き出した枝に頭をぶつけながら、奇形ブナ林を奥へ奥へと進むと、鳥海山の伏流水が湧き出る「出坪《でつぼ》」がその姿を現す。

苔むした木々に囲まれたその泉には800年前のものともいわれる無色透明無味無臭の水がこんこんと湧いていて、口に含むとその冷たくて美味しいこと！　さらには上澄みをすくって顔を洗おうものなら毛穴がキュッとひきしまるようで、雨に降られながらも歩いた甲斐《かい》があった。

また、この湿原には、鳥海マリモと呼ばれる珍種の天然苔が繁茂し、流れる清水の中にフワフワと緑のカーペットが敷き詰められたかのように輝いている様はとても美しい。

小さな島国日本にも、まだ見ぬ場所がたくさんあるけれど、ほんの少しずつでも、こうして自らの足で歩けることがたまらなく贅沢なことに思えた、秋のトレッキングであった。

ホメオパシー

映画『自虐の詩』を撮影中に喉風邪をこじらせて発症した気管支炎が、数カ月にわたって長引き、ついに年を越してしまった。

日頃から食生活や身体の調整には気を遣《つか》っていた分、免疫力には比較的自信があったもので、自然治癒力で治してみせようと、しばらくは病院にも行かずプロポリスキャンディーを

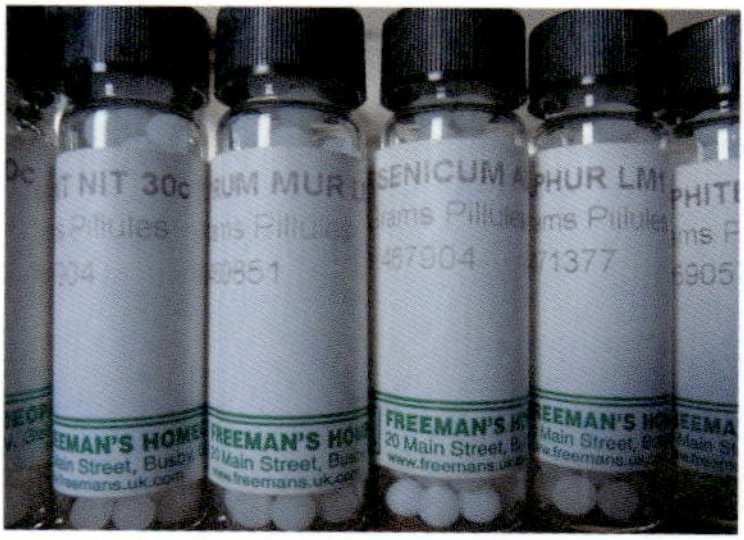

ホメオパシーは肉体のみならず心にも作用するらしく、私の場合、掃除に目覚めてしまい、ずっと処分できずにいた書籍や洋服などにも別れを告げることになりました

舐め続け、経過を観察していた。

ところが深夜になると、肺結核に感染したか、あるいは肺癌に侵されたのではないか？と思えるほど、切れの悪い痰《たん》や、喘鳴《ぜんめい》を伴い背中にまで響く激しい咳の症状に、ほとんど眠れずに朝を迎えることもしばしば。

血痰が出るに至り、いよいよ癌かと覚悟して、病院に行き、CTやら血液検査やらいたしてみたものの、「ぜん息の一歩手前の気管支炎ですね」との、なんとも中途半端な診断で、吸入ステロイド剤の使用を勧められるも、丁重にお断りし、自然療法関係の本を読み漁《あさ》ること また数日。

梅醤番茶《うめしょうばんちゃ》に節れんこん粉末を混ぜ1日3回飲んでみると、なんとなく症状が軽減したようなしないような。

発作の起こる日と、楽に過ごせる日が交互に続くようになってしばらく、気管支炎以上ぜん息未満の身体は劇的な変化を遂げることになった。

それは、ホメオパシーという、毒をもって毒を制する療法のレメディーと呼ばれる砂糖玉を舐めたことによってもたらされた。

蜂に刺された患者には、蜂の毒を限りなく薄めたレメディーを、不眠症の患者にはカフェインのレメディーを投与する、という具合に、実際に患っている症状と同じ様相を呈するものを、分子レベルでは存在しないほどに希釈したレメディーを与え､心身に治癒をもたらすこの療法は､200年以上前にドイツで確立され､ヨーロッパ諸国に広まり､現在イギリスには王立のホメオパシー大学が数校存在し､薬局でも購入できるくらい､一般的に普及しているのだとか。

以前ちょっとした頭痛を友人から譲り受けたホメオパシーレメディーで治してしまったことを思い出して、西洋医学の医師であり代替療法にも精通している先生のもとを訪ねてみたところ、2時間弱に及ぶ雑談ともいえる会話から処方された、こんぺいとうのようなものを舌下で舐め始めたその夜から、どういうわけか深夜の咳は治まり、朝の痰も鳴りを潜めた。

体調が悪いことを理由にいろいろなことをおざなりにしていた節もあるので、果たしてこれはプラシーボ反応なのではないか、症状の改善は一時的なもので、明日は再び発作が起きるとどこかで期待していたものの、「二重盲検で臨床試験済みであるし、犬や猫にも効きますよ」とのこと、すっかり治ってしまい、言い訳の理由を失ったことに、少々がっかりしたくらい、本当に快調なのである。

先生は、「もう来なくていいですよ」と言うのが目標だと言っていた。確かに治ってしまったのだから、もう行く必要はないのだろうけれど、ホメオパシーの不思議について、もっと知りたくなって、しばらくは具合の悪いふりでもして通ってみようかと思い始めている今日この頃なのです。

断食の巻

今年は世間で言う前厄に当たるらしく、少々疲れ気味だったので、厄落としと体質改善を兼ねて、とある断食施設でお世話になることに。

ハーブティーは飲み放題、生姜湯《しょうがゆ》も許されているという今回の施設では、感じのいいスタッフの皆さんが気持ちよく迎えてくださった。

施設での回復食はご覧の通りです。以来、自宅にて自ら作る食事もすっかり薄味の粗食になりました。今年は花粉症が発症していないのは、断食のお陰なのでしょうか

朝夕に人参ジュースと酵素ジュースをゆっくりと飲み、それ以外の時間はデトックス効果のあるセイヨウタンポポやゴボウのお茶で空腹を凌ぐ生活は、実際に始めてみると、1日2日くらいならなんとか耐え得るものだった。

食事を摂《と》らないと、人間の身体は解毒に専念するそうで、備蓄した糖質やグリコーゲンを使い果たしてしまうと、脂肪酸が分解されてケトン体ができるとのこと。それに伴って、2日目には身体から異臭が放たれるのを感じた。

断食前夜から最後まで続いたのが友人の結婚式の披露宴で人目をはばからず大食いをしてしまうという夢で、目覚めたときの空腹感に安堵《あんど》する毎日。

3日目になると、体力の低下が著しく、朝の体操を見送り、せめてケトン臭を払おうと温泉に入るもフラフラで、よろめきながら部屋に戻るという有様《ありさま》。

貴重な人参ジュースを飲み干すと、部屋で眠り続けること丸一日。

4日目の朝には待ちに待った回復食が少量与えられ、極薄味の重湯をひとさじ口に含んだ瞬間のありがたさたるや、何ものにも代え難いものだった。

口に運ぶ度に50回くらい噛みしめても尚、飲み込んでしまうことがもったいなくて、大切に味わうようになると、薄味好みでいたつもりの自分の舌が、いかに贅沢で余分なものに慣らされていたかに気づかされる。

刻みあらめをたまねぎとともに土鍋で炊いたもの、白菜のおろし和《あ》え、ふのりのお味噌汁など、いずれも素材の味を引き出すだけのシンプルな料理は、断食で極度に敏感になった五臓六腑に染み入り、食べられるということに感謝するだけでなく、大袈裟かもしれないけれど、今この瞬間を生きていることのありがたみに涙が出そうになった。

ところが、食べ始めると余計に空腹を感じるようになり、散歩に出掛けては飲食店の前をウロウロ。干物屋さんではついつい購入してしまった鯵《あじ》やカマスを「私の代わりにご賞味くださいますと幸いです」などと、友人知人に送りまくった。

食べることが何よりも好きな人間が、自ら選んだこととは言え一番の喜びを取り上げられては、大声ではしゃぎ、シャワーを出しっぱなしでお風呂から上がるお嬢さん方に少々イライラしたりもしたけれど、オレンジピールのハーブティーを飲んで気を静めてみたり。

いよいよ最後の朝を迎えたとき、お粥《かゆ》から玄米に代わり、りんごまで添えられた食事に、再び感謝と許しの心を教えられたのでした。

立礼点前

伊藤園の「お～いお茶」がパッケージを一新するとのことで、その発表会が歌舞伎座にて行われた。

團菊祭の公演を伊藤園が貸切っての一日とのこと、桟敷席でお茶をいただきつつ「勧進《かんじん》帳《ちょう》」や「女暫《おんなしばらく》」を観劇するだけなら楽しくてよかろうに、同じ歌舞伎座の二階食堂ほうお

大勢の方を相手にパフォーマンスとして点《た》てるお茶は初めてでしたので、私の緊張がお客様にも伝わって、お寛ぎいただくことができなかったのではと案じております

うに設けられたお茶席でお客様にお茶を差し上げる役目を担うこととなり、てんやわんやの大騒ぎであった。

今回の点茶は、ホテルのロビーなどでも時おり見かける立礼式が相応《ふさわ》しいとのことだったけれど、実はこの立礼式のお稽古をしたことは皆無であった。

そもそも「立礼」と書いて「りゅうれい」と読むとは思いもよらず、茶道を習い始めた当初は、お茶会の「立礼席」を迷わず「りつれいせき」と読んでいた愚か者が、こともあろうにカメラの前で点前をするというのだから大変だ。

明治初期に時のお家元が、外国からのお客様に正座を強《し》いないために考案したというこの点前は、亭主も椅子に座して点茶盤の上ですべてを執り行う。

正座をしない点前とはなんて楽なのだろうと高を括《くく》っていたのもつかの間、通常畳の上に直置《じかお》きであった道具の数々が、膝より高い位置に据えられており、袱紗《ふくさ》を捌《さば》く位置から、柄杓を持つ角度、着物の袖を捌くタイミングなど、今まで身体に定着していたものを、ゼロに戻して一からやりなおしになってしまったものだから、半泣き状態である。

ありがたいことに、まるで学習塾の夏期講習のような集中講座を2週間ほど設けていただき、一日に4時間ほどみっちり仕込まれたのは、点前の手順はもちろんのこと、お客様にリラックスしていただくには、とにかく道具を持つ手の角度がきつく見えないように努めよとのことだった。

一服のお茶を差し上げるに当たって、お茶そのものをおいしく点《た》てるのは当然のこととして、そこに至る過程も、使用する水や飾るお花、お茶をおいしく召し上がっていただくための懐石料理にお菓子の数々など、数え出したらきりがないほどたくさんのことを気にかけてようやく一座建立をはかる茶道の精神を自ら体現するには程遠く、まだまだ門前を右往左往している段階である。

花柳界《かりゅうかい》の綺麗どころを半東に据えての本番はと言えば、緊張で震える手をどうしようにも止められない。いずれ着物の袖が茶碗に入って緑色に染まるか、はたまた煮えたぎる釜共々点茶盤ごとひっくり返さんばかりの勢いだったけれど、先生の懇切丁寧なご指導のお陰で、かろうじてお客様のもとにお薄を差し上げることが叶ったのであった。

ガンジス河でバタフライ

ガンジス河でバタフライをするという無謀な企てを何のためらいもなくやってのけた人物がこの日本にはいて、それが現役銀座ＯＬだというので耳を疑いたくなった。文庫本になったエッセーの表紙は著者のたかのてるこさんが、まさにあの遺灰や死体、生活排水や汚水をすべて抱く聖なる河で鮮やかなバタフライをしている写真なのだった。

『ガンジス河でバタフライ』は、ディレクターズカット版がＤＶＤにて発売中です。因みに、体力に自信のある方でもガンジス河でのバタフライはお勧めいたしません

そして、今度はたかのてるこさんの実話を基にドラマ化、国民の妹とも言える長澤まさみちゃんが、こともあろうに濁流に身を投じてバタフライをするというから、旅の虫がうずいて「何でもいいから出演させてください」などと志願してみたところ、私にとって6度目のインド行きが決定したのであった。

勝手知ったるつもりで出掛けたインドだけれど、一人旅の緊張感や好奇心が薄れた分、メチャクチャでなんでもありの面白さより、不潔さや貧富の差、人々の環境問題に対する意識の低さばかりが目に付いてしまう。

水シャワーしか出なかったり、反対に熱湯しか出なかったりという不便な環境も、自分ひとりの旅なら愚痴を言いながらも楽しめたはずなのに、撮影に向けて体調を整えたい今回は少々応《こた》えた。実際の撮影は、当たり前のように50℃を超す酷暑のなか、牛のフンは転がっているわ、インド人が所構わず立ち小便をするわで、どこもかしこも排泄物の臭いがして、頭がクラクラした。

インドという国は気ままに旅をするにはよいが、仕事のために訪れる場所ではなさそうだ。

一方主演の長澤まさみちゃんは、撮影をするには万全と言えない環境でも文句のひとつも言わず、背筋をピンと伸ばして立っていた。

周囲の雑音にもその集中力が妨げられることなく、求められたもの以上のものを返す力を持った人である。何かの所為《せい》にしてしまえば簡単なことを、全部背負ってもなお笑顔で皆を引っ張っていく姿はとても20歳になったばかりとは思えず、我が身を振り返って恥ずかしくなったりもした。

しかし情けないことに、何よりも楽しみにしていた彼女のバタフライシーンを39℃の発熱により見逃してしまった。

25人いたスタッフのうち、23人までもが食あたりで病院行きとなったため、カレーを口にすることを禁じられていたにもかかわらず、人目を盗んで食べたプーリーバジー（ジャガイモのカレーと揚げたピタパン）が災いしたか、前日の撮影でガンジス河に膝まで浸《つ》かったのが原因か、自ら出演予定のシーンすら延期せざるを得ないほどフラフラで、一晩に何度もベッドとバスルームの往復を余儀なくさせられた。私が三日三晩高熱と咳と腹痛にうなされていた間に、まさみちゃんは、雨で増水し、泥土を巻き上げて濁った河の急流で2日連続バタフライを見事にやってのけたのだ。

どれだけ怖かったことだろう。どれだけこのシーンに懸け、自己管理を徹底したことだろう。

命がけの演技というフレーズはあまり好きではないけれど、それでもやはり、命がけの撮影に挑んだ彼女の勇姿を心から讃えたい。

感動をありがとう！

富士山

「これを見られただけで満足!」と影富士に向かってつぶやいた友人の1人は、高山病と怪我により登頂を断念せざるを得なくなり、泣く泣く山小屋に残ったのでした

午前7時30分新宿駅出発の40人乗り観光バスは、日本の最高峰富士山の吉田口5合目に昼ごろ到着し、25リットルのバックパックを背負った私は高度順応の時間も得ぬまま、仲間と共に夏のホタルブクロがわずかに残る登山道を歩き始めた。

ピークを過ぎて、山頂付近はかなり冷え込むとのこと、ダウンジャケットやフリースを携えたのは当然で、筋肉痛防止及びエネルギーの効率供給には必須アミノ酸をこれでもかというくらいに飲んだ上、関節を保護するためのグルコサミンとコンドロイチンも欠かせなかった。

さて、ウインドブレーカーを羽織り、友人よりいただいたＬｅｋｉの登山用ストック２本を頼りにしばらく進むと、ひんやりとした霧に視界を遮られ、これから訪れるであろう困難を思って不安になる。

細かい粒子の霧が目の前を覆ったのもつかの間、あっという間に空は晴れ渡り、頂上がまるですぐそこにあるかのように見えるものの、ザクッザクッと音を立てながら傾斜した砂利《じゃり》道を行くのは、思いのほか骨の折れる作業で、強風に煽《あお》られながら足元のダナーがあと２００グラム軽かったらと悔やむ。

５合目の休憩所で手持ちの荷物を再確認し、できる限り軽くしようと、不要なものをコインロッカーに預けたはずなのに、山岳小説で語られるごとく、紐の一本やビニール袋の一枚さえもが重く感じられ、ゴミを出さぬようにとの良心と、捨ててしまいたいという本心が常に闘っていた。

７合目までの間、ひたすら砂利道が続き、時おり岩間に見かけるウスユキソウという白い花を控えめに咲かせた高山植物が、自分自身の重みと富士の容赦なき傾斜に負けそうになったときの支えとなってくれた。

2800メートルの森林限界点を越えると、赤土と溶岩の不毛な山肌に申し訳程度に高山植物が生えるのみで、酸素は欠乏し、ことのほか乾燥するため、体感気温が10℃以下にもなろうというのに、1リットルの水をあっという間に消費してしまう。閉山後ゆえに、営業している山小屋はごくわずかで、3000メートルを越えてコーンスープの文字を見たときには泣きそうになった。

30メートルほど登っては休みというペースでは、どうあがこうにも仲間の中で、いや、バスツアーに同乗したメンバーの中で一番の堕《お》ちこぼれであった。その理由を直前までの仕事で疲れていた所為にしたいのは山々だったけれど、寸暇を惜しんで富士登山に挑んでいるのは皆同じな訳で、己の不甲斐なさを認めるよりほかなしである。

日が傾きはじめ、急《せ》かされながら行く途中、東側の雲海の中にぼんやりと浮かぶ富士山の影を発見。あれもブロッケン現象と言うのだろうか？　いや、影富士と言うらしい。仲間と共にしばらく見とれていると、寒さがさらに増し、突風に全身を殴打された。

岩場をよじ登る際は、過酷に見えて実はストックも足も確実に着地するため、フワフワの砂利道よりも桁《けた》違いに楽だった。

標高3400メートル、本8合目の山小屋へよろけながらもようやく辿り着くと、辺りは闇に包まれた。

畳の上に並んだちゃぶ台に登山者がひしめく食堂では、使い捨てのお皿で配られたレトルトカレーですらご馳走に思えてありがたくいただき、発泡スチロールのパックに入った翌日の朝食が何故《なぜ》か夕食時に配られたことに疑問を抱く余地もないくらい心身共に疲弊していた。

部屋そのものが2段ベッドになったような山小屋で、3組の布団に8人、いや、1組の布団に3人でどうにか横になると、午前1時まで仮眠のはずが、部屋のそこかしこから漏れ聞こえる他人のイビキや、誰かが用を足しに外へ出る度に閉まるバターンというドアの音、そして、唸《うな》るような暴風雨が気になって、なかなか寝付けない。こんなときも真っ先にイビキをかいて熟睡できる図太い神経が私にもあったなら、カメラや観衆の前で緊張することもなく、もう少しマシな演技ができるようになっただろう。

霧雨が降り、星々が輝く早朝の山行は、暗闇に登山者のヘッドライトが精霊流しのように連なって美しい。赤や黄色のレインスーツを着た人々と異なり、闇に紛れて互いが見えなくなった我々は、派手な色使いの意味を改めて知り、見た目重視で命にも関わるウエアをカーキや黒、グレーなどにしたことを恥じた。

雨足が遠のくと、安堵する間もなく、流れ星を見つけては喜ぶ他人の声を鬱陶《うっとう》しく感じ始めた。濃紺の空にこぼれる星を見つけて歓声を上げたとて、問題はなかろうに、疎ましく感じるのは、己の余裕のなさゆえのこと。

前日の疲れが、イモ洗いさながらの仮眠で癒えたとはとても言い難いが、それでも夜を徹して登ってきたという人々に比べれば、荷物も山小屋に預けたままで幾分楽なはずなのに身体が言うことを聞かない。

足腰の筋肉疲労が問題なのではなく、心肺機能が高度に順応できず、ただただ苦しくて、数歩登っては岩陰に身を横たえ、黒糖を舐め、ヨガの呼吸法で凌ぐということの繰り返しだった。

9合目の白い鳥居はすぐ目の前にあり、山頂とて手を伸ばせば届きそうな距離なのに、どうしてなかなか歩みが進まない。たった1時間半の道程を続けて登る自信を失い、雲海の彼方《かなた》に見え始めた明るい日差しを目の前に、御来光はここでも拝めると、諦めそうになった。

そして、いよいよ溶かしたバターのような太陽がその全容を現した瞬間、手放したり負けを認めたりすることも大切なのだと、強く思った。登頂しなかったところで何を失う訳でもなければ、ましてや死ぬ訳でもない。

富士登頂を自慢する必要もない代わりに、富士登頂断念を恥じる必要もない。本8合目の山小屋に辿り着いただけでも満足としようではないかと、一度は本気で下山を考え、仲間には先に行くようにと促したものの、わずかな水を分かち合った彼らの励ましにより、いつの間にか山頂への到達が叶った。

登頂の感慨は、予想に反してあまりなかった。先に辿り着いたであろう人々の歓声を何度も耳にしていたためか、叫んでみることもせず、涙の一粒もこぼさず、恒例の火口をぐるりと一周するお鉢巡りも強風のためあっさりと断念した。

登ってしまえば後は下りるのみで、下山道を本8合目の山小屋へと急ぐ。

食堂にてつかの間の休憩を。前夜に配られたきのこ入りの炊き込みご飯と熱々のカップラーメンをいただきながら、しみじみと生きている幸せを感じ、そして生意気にも、私が求める山は頂《いただき》を得る山ではないのかもしれないなどと考えていた。

仲間と共に励まし合い、助け合い、そして森林や山野草、鳥のさえずりを楽しむことには喜びを感じるものの、高みに挑み、制覇するというのは、私のスタイルではないのだろう。

赤土の砂利道を滑るように下山する途中、緑が近づくにつれて、心が穏やかになった。不毛な富士の頂よりも、下界の瑞々《みずみず》しい生命の息吹に魅力を感じ、拠《よ》り所を求めたのだ。

目標の達成如何を問わず過程を楽しむ。そんな風に山と関わり、自分自身とも付き合っていきたいと思えたのが富士登頂によるものなのか、私にはまだわからない。

9合目を目前に控えて立ち往生してしまい、ご来光を拝む筆者です。バカと煙はなんとやら。何が哀しくて、あんなに辛い思いをしてまで裸山にしがみつくのでしょうか

出逢い

沖縄で出逢った城間びんがた工房の16代目城間栄一さんは、生まれたばかりの赤ちゃんに、抗菌効果があるからと、自ら藍染めを施した産着を着せているそうです

最近新しい出逢いに恵まれることが多く、なんとなくぎこちない「はじめまして」からスタートして、未知の相手と話すことにほんの少し居心地の悪さを覚えつつも、なんとなく打ち解けていく過程を楽しんでいる。

職業柄、多くの方と出逢っては別れということの繰り返しではあるけれど、どちらかというと人見知りをするほうだ。

それでも、茶道のお稽古に通うようになって、茶室で見知らぬ方々の目の前でお点前をするうちに、自分では苦手だったいろいろなことが許容範囲に収まるようになってきた。

茶道の真の目的など全くわからずに、ただ着物に馴染《なじ》もうなどと考えて通い始めた頃は、姿勢が悪いとか、何度も同じ間違いをするとか、おもてなしの心に欠けるとか、そういったお叱りの言葉を、たった今出会った方々の前で受けることが恥ずかしくて仕方がなかったけれど、自分自身も人様の失敗から学ばせていただくことが多く、いつしかそんなことも気にならなくなった。

何よりも、お稽古が同じことの繰り返しのようでいて、お客様が異なり、お花が異なり、また自分の心のあり様が異なりで、毎度新鮮に感じられることが嬉しい。

その一方で、時々仕事を惰性でしているなぁと反省することもある。馴れ合いやルーティーンは極力避け、緊張感や節度のある関係を大切にしているけれど、自分の怠慢から、可能性が停滞することがある。

例えばインタビューなども、映画の宣伝で同じことを繰り返すうちに、相手との対話ではなく、宣伝文句の羅列になってしまう。そんなのはサイテーだと思いながら、鮮度の落ちた会話を続ける能のなさ。

自分自身の心が動いていないのに、目の前にいる相手の心を動かすことなどできないし、さらには目の前にいるたったひとりの相手の心さえ動かすことができなかったら、その先にいる大勢の読者や視聴者の心を動かすことなど不可能なのに。

そんなときにこそ、国籍や年齢、性別、職業を問わず、すべての瞬間を大切に生きている方に出逢いたい。

これしかないからと、その道を突き進む方もいれば、これを究《きわ》めるには、それもあれも大事だと、多方面に精通している方もおり、生ぬるい環境にいることが恥ずかしくなるくらい、みんな一生懸命生きている。

そうした方々が発する言葉の真実味に、自身の演技や発する言葉の未熟さを突きつけられて、途方に暮れる。

もうこうなったら、間違えることも、うまくいかないこともあるけれど、適当にお茶を濁しながら生きていくくらいなら、一か八かの綱渡り人生もよしとするしかないのだ。それしか、ない。

5分30秒

そのひとの作るパスタは、なにげなくてシンプルで、おいしい。

どこかで習った訳でもなく、特別な技や隠し味がある訳でもないのに、初めて口にしたときには、笑みと涙が同時に溢れてしまったほど。

確かあれは、トマトが熟して真っ赤になる夏の頃だった。

こちらは自作の冷製キャビアのカッペリーニです。絶滅が危ぶまれ、カスピ海で禁漁となったチョウザメですが、日本各地で養殖を試みている方がいらっしゃるそうです

我が家のキッチンで私が何か振る舞うはずが、いつの間にか主客転倒して、そのひとがパスタを作ってくれることになったのだ。

ヒマラヤの岩塩とともにグラグラ煮立つ熱湯で1・6ミリのスパゲティーを湯掻《が》く間に、お隣のフライパンでは、ざっくりと切ったにんにくと鷹の爪をたっぷりのオリーブオイルの中で泳がせ、焦がすことなく取り出して捨ててしまったことにまず驚く。

昼食時だったからか、にんにくをオリーブオイルの香り付けに留める配慮に感激しつつ、その先の工程が気になる。

湯剝《ゆむ》きもせずにざく切りにしたトマトを、先述のフライパンに放り込むと、白ワインをほんの少しだけ振り入れ、しばし蓋をする。

パスタの茹《ゆ》で汁をお玉で二掬《すく》いほどトマトがグツグツと音を立てるフライパンへ移した頃、茹で上がりを告げるタイマーがピピピピと鳴った。

通販で買ったパスタパンは、内鍋がザルになっており、取っ手を両手で引き上げるだけで湯切りができる、お馴染みのタイプだ。

茹で上がりのパスタをフライパンに移すと、器用に空中で躍らせながら、ソースを絡ませ、最後にルッコラとパスタを和えて、備前焼の深鉢に盛り付けてくれた。

その間たったの15分ほど。パスタの茹で時間に至っては、袋に書いてあったより3分30秒も短かった。

熱々を各々《おのおの》の取り皿に分け、クリストフルのカトラリーに巻き付けていただくと、悔しいくらいにおいしかった。

正直なところ、はじめはあまり期待していなかった。しかも、自分のキッチンを他人に任せる場合、相手が不慣れなキッチンで勝手がわからず右往左往することのないようサポートするのは、結構神経を遣うことなので、あまり気乗りもしなかったのだ。

ところが、何か特別な調味料を使った訳でもなく、胡椒《こしょう》すら使わずに、すべてがほどよく、控えめで、しかし、トマトの旨味をしっかりと感じられて、まるでどこかのお店のようにアルデンテ、それでいて、どこのお店でも味わったことのない、素朴ながらどこか都会的なおいしさに、言葉を失った。

それ以来、どんなレストランでいただくより、そのひとの作るパスタが好きだ。自ら同じように試してみてもどこか違う。やはり、そのひとの作るシンプルで愛のこもったパスタが世界で一番好きなのだ。

隅田川

写真は修善寺の温泉旅館あさばの能舞台。池水に浮かぶようにたたずまう月桂殿では、定期的に能狂言の公演が催されるそうで、夏には天然のホタルも飛び交うとのこと

千駄ヶ谷の国立能楽堂にてお能の公演を鑑賞することになった。正直なところ、今までの数少ない能楽鑑賞体験において睡魔に勝てたことがなく、恥ずかしながら、気づいたら終演ということも。

人様を例に挙げて言い訳をするなら、「お誘いを受けたものの、イビキをかいて寝てしまったからそれ以来お声がかからない」という方や、「ワキ（助演）が謡っている間、シテ（主人公）が寝ていて、自分の番が巡ってきたらハッと目を覚まして謡い始めたのを見たことがある。そういう私も寝てしまったけれど」というひともいて、なかなかその極意を味わうまで至らないケースが多いらしい。

三味線のように景気のいい音が入る訳でもなく、ただでさえ難しい言い回しの謡《うたい》は、面《おもて》をつけたシテが発すると尚のこと聞き取り辛く、延々と続く低音の響きを耳にしていると、脳波がアルファ波に傾くのを感じ、そのうち熟睡モードのデルタ波になってしまう。開演の3時間前から着物や帯と格闘し、美容室で綺麗に髪を結い上げた挙げ句にこれではなんとも情けない。

ところがこの度は、幽玄という言葉を盾に居眠りをする暇などないほど素晴らしい公演を拝見する機会に恵まれた。

それは、友枝昭世師演ずる「隅田川」で、人さらいに連れ去られて行方知れずの我が子を探して京の都から隅田川へと辿り着いた狂女の物語。

川を渡ろうと狂女が船に乗り込むと、彼岸から大念仏を唱える声がこだまする。船頭がその念仏が唱えられる所以《ゆえん》を話し始めたところ、ちょうど1年前の同じ日、人身売買の商人が10歳にもなろうかという幼子を連れて旅をしていたが、長旅の疲れにより病を患ったその幼子が、息も絶え絶えに、「離れ離れになってしまった母親が恋しい」とつぶやき、ついに果ててしまったという。狂女がその幼子の名前を尋ねると、なんとそれは探していた愛息であった。

シテが客席の彼方に都鳥を見つめると、まるで私自身も都鳥を見た気になり、雨により増水した川の流れを共に渡るような気にもさせられる。表情が変わらぬはずの能面が驚きと哀しみをたたえてみせ、背中からは語らずして喪失感が滲み出る。

睡魔が襲ってくるどころか、友枝昭世師の円熟した深みのある演技にすっかり魅せられてしまったのだ。

もちろんすべてを理解したとは言い難いが、それでも橋掛を帰っていくシテの後ろ姿が長い静寂に包まれると、心の襞《ひだ》が打ち震えるのを感じた。

後見や地謡の方々も一人ずつ静かに舞台を後にする。寂寥感《せきりょうかん》を含んだ静けさが、拍手によって破られるのはなんと惜しいことか。願わくはあと1分だけあのままの時を味わいたかった。

一木一草

昼下がりの日差しが注ぎ、キラキラと揺らめく水面には、赤子の手のように小さな睡蓮の葉が伸びている。

水底まで覗けるほど澄んだ淡水中を、睡蓮の葉陰に隠れてめだかがすいすいと泳ぎ、田螺《たにし》が物憂げに移動するのは郊外の池沼ではなく、拙宅のベランダでのことである。

口にするのも面映《おもはゆ》いながらビオトープの完成。この鉢のお陰でコンクリートジャングルのベランダにも清涼感が漂うのです。めだかがボウフラを食すので、蚊も発生しません

住まいの目の前に視界を遮るように大きなビルが屹立《きつりつ》し、息苦しく感じていたところ、堂々たるビルなどに意識が向かぬよう、至近のベランダに生物の息遣いを配しては？　と思ったのが事の始まりだった。

生花店の店先で見つけた満天星《どうだんつつじ》や紅葉を即決で持ち帰り、植え替えてみた。移植先に選んだのは何のてらいもない昔ながらの駄温鉢で、素焼きの鉢の上部にだけ釉《うわぐすり》のかかった地味なものだが、我ここに在《あ》りという主張がない分、主役の木々が引き立つ。

湿った土に触れるのは、背筋がゾクゾクするほど心地よく、爪や着衣が汚れることも気にせずに、やわらかい感触と香りを味わった。

土と戯れるという、ただそれだけのことで、肩や腰の重みが心なしか軽くなったような気がして、それからは狭いベランダに少しずつ鉢を増やしていった。

胡麻つぶほどのアブラムシがびっしりと張りついた無農薬の苗は、ミニトマトに千両なす、とうがらし、そして、雄雌両木が絡み合った山椒。

完全無農薬の上、肥料や水さえも与えないという自然農法への憧憬は抱きつつも、小さな鉢では心許《こころもと》なく、有用微生物を培養したEMを施すと、十分な日照と相まって、茎や葉がグングン伸び始め、朝の目覚めと水遣りが楽しみになった。

そうして土いじりをし始めると、水辺の生物が恋しくなり、水草の専門店を訪ねては、姫睡蓮の苗と、フトイや猫柳などの湿生植物、そして黒めだか、ヌマエビ、田螺を求め、ビオソイルという田んぼの土を購入することに。

常滑《とこなめ》焼の鉢にビオソイルを投入し、睡蓮や水草を植えつけると、浄水をさらに竹炭で浄化したものを注ぎ込む。泥土を巻き上げて濁った水にめだかを放流するのはためらわれ、翌日まで待ってみると、微生物や湿生植物の力で水は見事に透き通っていた。ビニール袋に入っていた3種の生物を袋ごと水面に浮かべ、しばし水温順応させた後、袋に穴を開けて放つと、一斉に泳ぎ出しためだかは水草の陰に隠れ、ヌマエビは田螺の背に張りついた。

数日も経つと、泥中に眠っていたらしき小さな田螺が這い出し、睡蓮の葉に向かってゆっくりと泳ぐ姿は、なんとも微笑ましい。

こうして我が家にも、人為的ではあるものの、自然の息吹が活着しつつあり、毎日がささやかな感動で溢れている。

しあわせのかおり

トマトは容赦なく照りつける日差しを受け止めていち早く実をつけ始め、日々その色を増してゆきます。ただそれだけのことですが、これが私のしあわせなのです

『しあわせのかおり』という、金沢のささやかな中華料理店を舞台にした映画の宣伝で、いくつもの取材を受けた。

映画は、金沢の小さな港町で中国籍の王さんが営む素朴でおいしい中華料理店「小上海飯店」を、百貨店勤務のシングルマザー貴子が訪れ、ふわっとしたトマトと卵の炒めものや、旨味の凝縮された蟹シュウマイに惚れ込んで、ついには自らの立場も顧みず、百貨店を辞めて弟子入りしてしまうという物語。

大きな中華包丁で食材を刻み、2キロにもなる中華鍋を左腕で振った撮影は、そうした料理の数々から湯気の立ち上る美味しい日々だった。

宣伝活動の折に、同じ質問が繰り返されることを大儀に思う俳優は少なくなく、私もその例に漏れず、できれば避けて通りたいものだったけれど、タイトルが「しあわせのかおり」だけに、疲れた表情や苦労話は少々具合が悪い。

「読者の皆様にしあわせのおすそ分け」を個人的なテーマとして掲げて、取材を仕事と思わず楽しんでしまおうというのが、この度の試みだった。

中華料理を作るという企画では、新橋の花柳界から身を退き自然なライフスタイルを研究している千代里さんに、動物性の食品を一切使わない中華料理の指南を仰いでみた。

共に千葉の農場へ赴き、無農薬はもちろんのこと、極力自然に近い形で育まれた野菜を採取するところから始まり、本物の鶏肉にも劣らないこんにゃくの唐揚げ、乾燥しめじの出汁《だし》を使用した白湯《パイタン》ラーメン、肉まんならぬベジまんなどの作り方を丁寧に教えていただいた。

紬《つむぎ》の着物に割烹着という、理想の母親を象徴するような姿の千代里さんより、お料理の手ほどきを受けるのは時が経つのを忘れるほど楽しく、しあわせ指数は跳ね上がった。

インタビューを受ける度に、しあわせについて尋ねられ、卑近なところでベランダに植えつけた桃太郎トマトが初めて5ミリほどの実をつけたときのことを思った。

起き抜けにカーテンを開け、じょうろを持たぬ私は、いつものように柳宗理の薬缶《やかん》に浄水を満たしてベランダに立つと、黄色い花を押し上げるように実る萌葱《もえぎ》色のトマトに思わず「ありがとう」と囁《ささや》いた。

毎日の水遣りが無償の奉仕ではなく、「いずれ完熟したならトマトと卵の炒めものにして食べてやる」ためのものだったのに、無垢なトマトはいよいよ鈴生りになってくれた。

日々の暮らしの中で、取るに足りない些細《ささい》なことでも観察することを怠らなければ、すべての瞬間がしあわせになり得る、そんなことを考えさせられるインタビューって、コーチングのようだと思う。

『しあわせのかおり』という映画もまた、日々をコツコツと懸命に生きる人々を賞賛する作品で、皆様にご高覧いただけますとしあわせです。

五蘊会《ごうんかい》

青々とした松の描かれた能舞台に生まれて初めて立ち、仕舞《しまい》を舞った。

ドラマ『白洲次郎』にて、従順ならざる男として戦後のGHQにも楯突いた白洲次郎さんの生涯の伴侶であり、歴史に埋もれていた日本の美を再発掘し、世に紹介し続けた白洲正子さんを演じるためである。

約一年間、他の仕事を一切せずにお能の稽古に励み、白洲正子さんが何を思い、何を求めていたのか、ただひたすら探った日々は、私にとってかけがえのない財産です

晩年の『老木の花』のなかでも「三度の食事よりお能が好き」と述べられている通り、正子さんにとってお能は生きることと同義であり、執筆の核であり源であった。

古《いにしえ》の時代には女人禁制であった能の世界に、初めて足を踏み入れた女性も正子さんならば、これを学ばずして演じることは叶わない。

晩年の正子さんがご心酔だったという、故友枝喜久夫師のお孫さんに当たる喜多流能楽師、友枝雄人師のご指導を受ける機会に恵まれ、謡と仕舞の稽古を始めたのは3月下旬だった。

『紅葉狩』の謡本《うたいぼん》を頂戴し、広げてみると行書の美しい文字の傍らに素人には解読不可能な胡麻つぶのような印が。

先生が朗々と伸びやかに且《か》つ厳《おごそ》かに示してくださるお手本をリピートするように謡ってみると、音程は上中下に多少の幅があるだけで概ね単調ながら、伴奏や拍子の何もない素謡《すうたい》は拠り所がなく、音がとり辛い。

耳慣れない旋律や、口慣れない言葉ばかりの謡をICレコーダーに吹き込んでは自宅にて復習するうちに、読経のような心地よさを覚える。

仕舞はひたすら摺り足の練習から入り、大地をしっかりと踏みしめ、まるで自分自身の腰から下に向かって根が生えたような感覚に。

お能の始祖である世阿弥の残した『花伝書』を解説した、白洲正子さんの『世阿弥』をきっかけに、今さらながら世阿弥の言葉を少しずつ紐解いていくと、「秘すれば花」「初心忘れるべからず」などと、そもそも演ずることの原点であり、いつまでも揺るがぬ基本を教えてくれることに気づかされ、正子さんを演じることを通して、表現の新たな可能性、いや無限の可能性を探るべく岐路に立たされているのだなぁと感じている。

歌舞伎や日本舞踊が動ならば、お能や仕舞は静であり、虚飾を排した究極のミニマリズムである。

無駄のないシンプルな型の連続で、表情を排しても尚、心情がありありと滲み出す瞬間の美しさといったら、いったい何にたとえられようか？

残念ながら、私はまだその域には達しておらず、世阿弥のいう花も持ち合わせてはいないけれど、忘我の境地で神聖なる能舞台にて舞うことの心地よさは病みつきになりそうです。

魚雁往来《ぎょがんおうらい》

手紙の最後に押す落款《らっかん》を、篆書体《てんしょたい》で作ってみたいと思っていたところ、「和久傳」の大女将桑村綾さんより、丸の内の印鑑店をご紹介いただいた。

晩夏の夕暮れ時に、越後上布を涼やかにお召しの桑村さんにご案内いただいた先は、「銀杏堂」というお店で、ご主人自らデザインなさった見本の数々を見せていただき、「美紀」

加藤先生の作品は、和久傳さんのしつらいにも散見されます。そもそも移り気な私は、このように緻密な仕事をコツコツと続けることのできる方を尊敬して止みません

という文字を、丸い枠と四角い枠で篆刻《てんこく》していただけるようお願いしてみた。

せっかくなので、封緘《ふうかん》代わりに「心」という文字も彫っていただきたい旨をお願いすると、ご主人が「魚雁《ぎょがん》」にしてみてはいかがと。魚雁とは、魚を釣ってお腹を開いたら見知らぬ人からの手紙が出てきた、一方で、雁の足に手紙を託して羽ばたかせたという中国の故事から、手紙のやり取りを意味するそうで、篆書体の魚と鳥を対で彫ってくださるとのこと。いつぞや友人から送られてきた手紙も小学生が描いたような魚と鳥が並んだシールで封印されていたけれど、そんな含蓄があったとは。

しかしそれでも「心」という文字に未練があり、ああでもないこうでもないと字体について検討していると、「ほんならおしゃれな陶印にしたらよろしい」と懐《ふところ》にそっと忍び込むような柔らかい京言葉で桑村さんがおっしゃった。

「京都の小児科医で、陶芸もなさる先生がいらっしゃるから、『心』と、ひらがなで『みき』というのを作ったらいいわ。私が頼んで差し上げましょう」とのこと。

小児科医で陶芸もなさる先生とは、白洲正子さんとも所縁の深かった加藤静允《かとうきよのぶ》先生のことで、白洲さんの著書によると余技というのは憚《はばか》られるほど書画や陶芸に精通しておいでの方である。若輩者の私などにはもったいないようなお申し出にためらいつつも、「正子さんを演じるには本物を知らないと」などと自分への言い訳をして、お言葉に甘えることとなった。

木枯らしの吹き始めた頃、桑村さんから送られてきた桐の箱には、まるで陶片のような、しかしよく見ると鳥や兎などのかわいらしい細工がひとつひとつ施された陶印が、ありがたいことに10点も入っており、各々の文字を押印した和紙に丁寧に包まれていた。

「みき」「み」「ミ」「美紀」など温かみのある様々な字体で刻まれたそれらを手に取ると、ひんやりとした肌触りとつるっとした質感が心地よくて、おはじきやビー玉をもてあそぶかのような感覚を味わった。念願の「心」は、『』『』二種類の篆書体で示され、これら二つに辿り着くまでに加藤先生が辿った字体の変遷が、和紙の上に丁寧に描かれ、「まだ見ぬ人のために」とひとこと添えてあった。

まだ見ぬ人のために貴重な時間を捧げることができるような、そんな人に果たして私はなれるだろうか。

Shall We ダンス？

ＮＨＫドラマ『白洲次郎』で、私が演じる白洲正子さんには、社交界を股にかけ、ソーシャルバタフライと呼ばれた若かりし時代があったらしい。グルー米大使とウインナーワルツを踊るシーンを課せられ、社交ダンスなどとは全くもって無縁だった私は、撮影の合間を縫って、レッスンを受講した。

日光金谷ホテルでの撮影は深夜にまでおよび、一曲踊る度に呼吸はゼーゼーハーハー。社交ダンスって、見た目は優雅ですが、実際にはかなりハードな有酸素運動です

まずは先生と対になり、右手は相手の手を握り、左手を相手の上腕あたりに添える。次に、先生の声に従って左足を後ろに引いて、右足を横へ出して、左足を右足に添えて、と最初の足のステップを踏んでみる。ただ足を踏み替えただけなのに、先生のさり気ないリードによって身体は進むべき方向へ自然に回転している。

男性と身体を密着させて踊るなんて、苦手なはずだった。男性のリードに素直に従えるとも思っていなかった。しかし、警戒心を抱く間もなく、ワンツースリーとカウントする先生にそっと導かれると、身体がフワッと軽くなり、音楽と共にいつまでも踊っていたいとさえ思えた。

それはきっと、先生の誘導が強引でないからなのだ。あくまでもソフトに、丁寧に扱われると、私のように頑なな人間でも抵抗することなく素直に寄り添えるのだ。

周囲を見渡せば、年配のご婦人方が若い先生とペアを組んで踊っている。糟糠《そうこう》の妻には無骨な態度を貫いてしまいがちな日本男児には面映《おもはゆ》いかもしれないけれど、時には赤い紅をさしておめかしをしたご夫人の手を取ってみてはいかがと言いたくなるほど、活き活きとしていらっしゃる。

さて、グルー大使を演じるのはイギリス人のスティーブンさん。ダンスに慣れない者同士、呼吸を合わせるのは至難の業で、はじめのうちは歩幅が合わずに互いの足を踏んだり、あらぬ方向へ突進したりで、先生から何度もお叱りを受ける。レッスンは遅々として進まず、一時はペア解消も危ぶまれたほど、困難を極めた。

ペアダンスはリードする男性のほうが大変なのだ。私にできることといえば、数曲踊る度に、「汗をかいて失礼ですから」とシャツを着替えてくれる英国紳士スティーブンさんを信じることくらい。踏まれて痛い足を堪えながら踊った日々は、正直なところ苦笑と嘆息の繰り返しだった。

それでも本番の撮影では、米大使らしく自信に満ちた表情のスティーブンさんに導かれて、息が切れるほど踊り続けることができた。

『Shall We ダンス？』に出演以来ダンスがライフワークとなった草村礼子さんはおっしゃった。

「上手な方と踊るより、優しい方と踊ったほうが楽しいわよ」と。

郷に入っては郷に従え

撮影中の映画『ゼロの焦点』は、松本清張生誕100周年記念作品で、平穏に見える人々の暮らしに深く残る戦争の爪痕が、事件の引き金となるサスペンスである。

戦後昭和の背景を求めて北陸、東北、信州、山陽と全国を転々としながらの撮影は、韓国にまで及んだ。

上田の信州大学にて撮影中、白梅の木より紅梅の花が咲くのを見つけました。不思議で仕方なかったのですが、目を凝らしてよく見てみると、接木をしたらしき形跡が

富川《プチヨン》ファンタスティックスタジオは、羽田から発着の金浦《キムポ》空港より車で約30分ほどの街にある。日光江戸村が江戸の街並みに特化した撮影所なら、市電が走り、石造り風の低層の街並みが再現されたこのスタジオは、日本統治時代に特化したスタジオということなのだろう。物語の舞台となる北陸の雪景色を作るべく、スタッフが食塩やトウモロコシのでん粉で装飾するも、暖かい日差しが容赦なく差し込んで、監督の望むどんよりとした曇り空とはほど遠く、ただひたすら待つばかり。

カメラアングルは言うまでもなく、美術の細部から、エキストラの動きに至るまで、画面を構成する要素のすべてを大切に撮る犬童一心監督の現場は、一日って27時間もあっただろうか？　と自らの認識を疑いたくなるほど激務を極めるので、こうした空き時間は時にありがたい。

韓国風のおうどんカルクックスを求めてひとり街に出ると、宿泊先の近くで手打ち麺のお店を発見し、バジラカルクックスなるアサリの出汁が効いたシンプルな一杯に感動した。あまりにも美味しかったので替え玉をしようと試みたが、博多のラーメン屋さんではないので許されず、会津喜多方ラーメンのようなモチモチの平打ち縮れ麺が入ったそれをもう一杯平らげたのであった。

ついでに立ち寄った24時間営業の健康ランドでは体育館2つ分ほどのワンフロアーに数種

類の浴槽、岩盤浴、汗蒸幕《はんじゅんまく》というドーム型サウナ、ドライサウナ、ミストサウナなど様々な入浴施設があり、スイミングプールまでついていた。

支給されたTシャツと短パンを身につけて入った汗蒸幕は男女共用で、木製の枕を当てて寝そべる殿方が大きな音を立てて放屁をした瞬間と、私が熱さに耐えられなくなった瞬間がほぼ同時で外に出た。

女性専用エリアへ逃げ込み、バスタオルを巻いてサウナへ向かうと、そこかしこから視線が向けられ、その眼光たるや矢を射るがごとし。面立ちはさして変わらぬはずなのに、外国人を識別できるのかしらと周囲を見渡すと、誰一人としてタオルを身体に当てておらず、皆さん堂々とその美しき肢体をさらけ出しているのであった。

郷に入っては郷に従えと、バスタオルをはずして堂々と振る舞おうかと思うのだけれど、心なしか恥ずかしい。しかし、90℃のドライサウナに入った途端、そんなことはどうでもよくなった。

だって、帰り際に再び穿《は》くおつもりなのか、洗ったばかりの女性物下着が、ずらりと干してあったんですもの。

こうもり傘を探し求めて

「女性が美しいのは夜目、遠目、傘（笠）の内」と言うらしいが、せっかく傘内美人の季節だというのに、なぜだか理由はわからないけれど、色気に欠ける紳士傘が好きである。日傘は白やベージュの美しい婦人物が好きなのに、雨傘に限っては、華奢《きやしや》でカラフルな婦人物よりも、漆黒のこうもり傘が好きで、もう10年以上も紳士傘を使い続けている。

こちらの傘も使い始めてずいぶん経ちました。最近は英国製のブリッグでも大雨に強い傘が出たようですし、日本の前原光榮さんのオーダーメイドも気になっています

一番最初に購入したのは、バーニーズニューヨークのものだった。畳めばクラシックな杖のようで、開くと大きなそれは、霧雨はもちろんどしゃ降りの雨でも身体が濡れることのないよう守ってくれた。

傘をあちらこちらに忘れてきてしまう私でも、その一本だけは、はっと気づいて戻ることも多く、5、6年は使用しただろうか？　それでもやはり、どこかで紛失してしまい、全く同じものを探しに行った際には、すでにモデルチェンジして心なしかモダンになっていたもので、どうしても腑に落ちず、しばらくは傘難民だった。

とりあえずで済ませていても、いいものが見つかるとどうしてもそちらを所有せずにはいられなくなってしまう己の欲深さを心得ているもので、最近は腰掛けでものを購入することは極力避けているし、安価なものを頻繁に買い替えるなら、少々高価でもこれぞと思ったものを大切に使い続けるほうが経済的だとも思っている。

そもそも傘に限らず、紳士物にはついつい惹かれてしまう。タキシード然《しか》り、ボルサリーノ然りで、モンブランの万年筆だって、店頭にはきれいなボルドーもあるのに黒やシルバーを手に取ってしまう。

もしも男性に生まれていたら、白洲次郎さんのようにロンドンのサビルロー通りでスーツの一揃えくらい誂《あつら》えてみたいとも思う。

さて、椅子の中の椅子とも評されるウェグナーのザ・チェアーのように、傘の中の傘と言えるような逸品を探し求めていたところ、あるひとが、傘は開いたときのフォルムよりも閉じたときにどれだけ細くて美しいかで決めるのだと教えてくれた。

イギリスのフォックス社製の傘は、まさに閉じたときの細身のラインが身震いするほど美しい。しかしながら、霧雨が多く、傘をめったに開かないイギリスの気候風土に合わせて作られたため、日本の打ちつけるような強い雨には適さないのだとか。

そこでようやく見つけたのは、イタリアのマリア・フランチェスコ社製紳士傘である。畳んだ際のフォルムの美しさはもちろん、開いた際の丸みも、金具使いもクラシックでありながらどこか洗練されていて、憂鬱な雨の日すら足取りが浮き立つような、そんな傘なのだ。

ホアヒンの友

ヨガを始めたのは2003年の頃でしたが、訳あって未だ身体は硬いままです。長い間それに抗おうとしていたものの、最近では己の限界を受け入れることを学びました

ただ今、仕事が立て込んで心身ともに疲れたり、次の仕事に向けて身体を整えたいときに訪れるタイへ来ている。何をするのかと言えば、過労によって重篤な病を患う前に病院に入院するような感覚で身体と心と魂の洗濯をするのだ。労働基準法適用外の職種ゆえに、一日の就労時間が18時間を超えることなど日常茶飯事なもので、たまには自分を甘やかしたって

いいじゃないかと自らおよび世間への言い訳をしながら、ヨガ三昧、マッサージ三昧、昼寝三昧の日々を送る。

ジョセフィーヌは中国系マレーシア人で、私より3つほど若い。ヨガの個人レッスンを担当してくれたひとで、いわば師にあたる。ヨガの修行を始めて10年ほどが経過しているというけれど、長くて美しい黒髪、褐色の肌、そして切れ長のチャーミングな目元に似つかわしくないほど、肝が据わっていて、「おばあちゃんみたいって皆に言われるわ。たぶん魂が年輪を重ねているのね」と自ら言ってはばからない。落ち着いた低い声で、まるで詩歌を吟ずるかのように魂の奥底から放たれる言葉のひとつひとつが滑らかで美しい。差し出がましくも、「あなたの誘導する声を録音して販売すべきよ」と繰り返し勧めてしまったほど。

彼女は厳しい修練を積んでいるにもかかわらず、自身の習熟度をひけらかすこともなく、「少しずつ着実に、可能性を広げていけばいいの。自分で限界を見極めないとだめ。無理は禁物よ！」と、こちらの能力を引き上げることには尽力しつつ、各々が生まれ持った個性に対する配慮も怠らない。

ひとつひとつのポーズを丁寧にアジャストし、完成形に近づけていくスタイルはアイアンガーヨガを踏襲しているとのこと、両足を前方に投げ出して床に座り、上半身を垂直に立てるダンダサナと呼ばれるポーズなど、つまりは全身を直角にして座るだけのことなのに、

「両足の間にブロックを挟んで、それを締めつけるように内転筋を使いつつ、肩の力は抜いて胸を張り、そして、お腹は前に突き出さず、丹田をしっかり身体の内側に引き入れて、頭から骨盤、尾てい骨まで真っ直ぐに」と、ジョセフィーヌが耳元で囁くのに従って、脳味噌と同様に頑固な自分の身体に心の中で指令を下しつつその姿勢に耐えていると、太ももがブルブルと震え、全身から汗が吹き出し床に滴《したた》り落ちるのだ。

「私はひとに教えているなんて一度も思ったことはないの。ただ私が知り得たヨガの知識を分かち合いたいだけよ」と、涼しげな顔をして言い放つジョセフィーヌと、7日間にわたり毎日顔を突き合わせて個人レッスンをするうちに、彼女はメンターでもあり友人でもあり、妹のようでもあり姉のようでもある親しき存在になっていた。この世が包含する空気をすべてこの胸に吸い込んだのではないかと思えるほど深い呼吸と、今まで使われなかった筋肉への内なる気づきと、味わい深き瞑想と、食道楽と、果てなきガールズトークに満ちたジョセフィーヌとの時間は、刺激と安らぎを共にもたらしてくれた貴い日々だった。

象の自画像

タイを訪れるのは数度目になるけれど、この度はじめて北部のチェンマイへ足を延ばしてみた。ホテルへ着いた瞬間に、ある方が雑誌のインタビューで紹介していたエピソードを思い出した。

タイで象が自ら描いた自画像を購入したとのことで、にわかには信じがたい話だった。イ

この話を数名にしましたが、やはり当初の私と同じように信じていただけず、悔しかったので原稿を書き、こうして写真を掲載する次第です。自画像は我が家の玄関に

ンド旅行で猜疑心《さいぎしん》が強くなってしまい、東南アジアの国々でありがちな、観光客を相手にした露天商の誇大な売り口上に、人のいい日本人が騙されるという図式が真っ先に浮かんだのである。ここはひとつ真偽を確かめてみようと、早速象のキャンプへ出かけることにした。

チェンマイの中心部から車で20分ほどで木々が鬱蒼《うっそう》と茂る「Maesa Elephant Camp」に辿り着く。入り口から坂道を下って行くと、水の流れる音が聞こえてくる。渓流に身体を横たえて数頭の象たちが水浴びをしており、鼻を高々と持ち上げて水を吹き出したり、2頭の象が身体を打ちつけてじゃれ合ったりしていた。

さらに歩みを進めると、今度は緩やかな坂を上り、象のショーが行われるグラウンドが姿を現す。500名ほど収容できそうな客席が三方を囲み、大人も子供もこれから行われるパフォーマンスを心待ちにしている。やがて象使いの少年を背に乗せた象が10頭ほど入場し、少年たちが象の曲乗りをやってみせると、今度は象が少年の被っているカンカン帽を鼻で奪い、また被せてあげたりする。

フラフープを鼻で回したり、ハーモニカを鼻息で鳴らしたり、さらには大きなサッカーボールを蹴ってゴールを決めたりする度に象たちは満場の拍手喝采を浴びる。

次々と芸を披露する象に「へぇ〜」と感心しつつも、私が見たいものは他にもあると、気が急いた。いよいよ画用紙を貼りつけたイーゼルが運び込まれると、思わず身を乗り出したばかりか、数列前の席へと足が勝手に動いていた。

象たちは少年が絵の具をつけて渡した筆を鼻にくわえ、各々画用紙に向かって鼻を伸ばす。そして、思い思いにというべきか、調教された通りになのか、鉢植えの花や松の木のようなものを描く。本当に画《え》を描いていたのだ。それもさらさらと慣れた様子で。すごい！　これは本当にすごいことではないか！

が、やはり自画像を描く象は一頭もいない。そんな象などいるはずがないのだと思いきや、真っ白な紙に向かっていつまでも筆を入れようとしなかった象が、そろりそろりと鼻を伸ばし、ようやく青黒い絵の具をグッと押しつけた。それからも、なかなか筆を動かさず、一点に留まったまま何やら逡巡《しゅんじゅん》している様子で、再び鼻を動かし始めると、ゆっくりと長い線を描き出した。線は次第に形を現し始め、それは象が自らを描いたドローイングとして完成した。

象自身がそれを自画像だと認識しているか否かまではわかりかねるが、ただならぬ集中力とまるで書をしたためるかのように一筆入魂して描く姿に感動を覚え、結局私も描き上がったその画を購入したのであった。

蘭方医《らんぽうい》

『ＪＩＮ―仁―』という作品で、７年振りに連続ドラマに出演することになった。

現代の脳外科医が江戸時代へタイムスリップしてしまい、ＭＲＩはおろか消毒用エタノールも抗生物質もない中で、負傷者や病に冒された人々を助けようと、知恵を振り絞って手術を施すというＳＦ時代劇。

歌舞伎の世界では花魁道中の際に若衆の肩に手を添えて体重を支えるそうですが、今回は時代考証に基づき、ひとりで約30キロの扮装と体重を支えて歩くことになったのです

私が演じるのは、主人公である南方仁の現代の恋人で、仁が携わった脳腫瘍の手術によって植物状態となった未来と、江戸の遊郭で名を揚げた花魁の二役。

原作にはない未来という役柄を、与えられた台詞の行間から想像して作り上げることの難しさと、ただの遊女ではなく、和歌や俳諧、茶道に書道などと、高い教養を持ち合わせた、郭《くるわ》でも最上位の存在を演じることの重みをひしひしと感じている。

花魁を演じるに当たっては、兵庫髷《ひょうごまげ》という大きな鬘《かつら》を結っていただくことになり、長時間の撮影に耐え得るよう、結髪《けっぱつ》さんがそれはそれは細心の注意を払ってくださり、ほんの少しでも頭皮に当たって痛い箇所があれば時間を費やして地金を調整してくださった。

20本近い簪《かんざし》は、首や肩にずしりとくるのだが、そうまでして自身を飾り立てるのは、その当時鉛や水銀など有害物質の含まれた化粧品を使用していた上、梅毒などの病の流行もあり、その命は決して長いとはいえず、この上なく着飾ることで己のはかなき郭人生に大輪の花を咲かせようと、必死で見栄を張っていたからなのだろう。

衣装も同様で、郭からお茶屋へ呼ばれて出向く花魁道中ともなれば、裾に厚い綿の入った着物に打掛け、まな板と呼ばれる化粧まわしのようなものを身につけ、後輩格にあたる新造《しんぞう》、まだ幼き見習の禿《かむろ》、若衆《わかしゅ》と呼ばれる男性など総勢10名ほどを連ねて、高下駄で八文字を描きながら街を練り歩く。

自らの身を売ることを生業《なりわい》とする花魁だが、禿や新造の教育係でもあり、己を筆頭に構成されたひとつのチームのリーダーでもある訳で、髪や衣装の重みは、「おいらの姐さん」を意味する花魁という位にある者の責任を反映しているともいえるのではなかろうか。

貧しい生まれゆえに売られてきた者の孤独と、ひとりでこの世を渡ってゆくことを決めた者の強さ、そして、選ばれし者の自信と品格、女を売る者としての柔らかさ、これらすべてを全身で、声で、表情で表現することが果たしてできるだろうか？

いつの時代にも、人の命を巡ってたくさんの人々が右往左往し、一喜一憂していた。江戸の街においては、仁が体得した現代の技術が何の役にも立たないこともある。

それでも、病だけを見るのではなく、患者そのものを見る医療に目覚めてくれたらどんなに素晴らしいことだろう。

女のみづうみ

映画『ゼロの焦点』のプロモーションで、デザイナーの森英恵さんと対談する機会に恵まれた。映画のなかで昭和を表現するために誂えた衣装について、戦後の昭和を実際に体験され、すでにその当時服飾の世界に携わっていらした森英恵さんの解説を交えて紹介するという企画だった。

我が家の木々は落葉し始め、いよいよ寂しくなってきたと思いきや、深い緑の葉陰に侘《わ》び助《すけ》が白い花を咲かせていました。なぜかおいしそうに思えるのは私だけかしら

以前VOGUE NIPPON WOMAN OF THE YEARという賞を受賞した折に、森英恵さんもそのひとりとして選出され、同じ壇上に立たせていただいたのだけれど、華やかなドレスを身につけた女性たちのなかで、ただお一人、丁寧に仕立てられたシンプルな黒いパンツスーツをお召しで、静かなたたずまいがひときわ素敵だったことがその後も記憶に焼き付いていた。

この度対談をさせていただくに当たって、森英恵さんに関する数々の資料に触れることとなったのだけれど、とりわけ興味を引かれたのは、数百にも及ぶという映画の衣装だった。小津安二郎監督の『秋刀魚の味』や『彼岸花』、大島渚監督の『太陽の墓場』など、今まで観てきたはずの映画衣装が、森英恵さんによってデザインされたことに改めて気づかされ、再び注意を払って見直してみると、衣装のデザインはもちろん、俳優の身体に沿った美しいパターン、そしてモダンな色彩に驚かされることとなった。

日本映画の黄金期、今の私たちには眩しいほど映画界は活気に満ちていた。黒澤明監督はある映画で、高級車一台分くらいコストのかかる唐織《からおり》の打掛を、上半身の柄が不要だと言って、丁寧に織り込まれた糸を一本一本抜き取ることを当時の衣装さんに命じたという逸話があるほど、衣装にも潤沢な予算があてがわれていたのだろう。

森英恵さんのもとにも、映画監督や女優たちがやってきては新作映画のキャラクター作りを熱心に行っていたという。今も昔も変わらぬのは、撮影スケジュールの都合により急遽《きゅうきょ》必要になった衣装を昼夜問わず作り、眠れぬ日々が続いたということだろうか。オートクチュール協会に日本人デザイナーとして唯一加盟できたような方ですら過酷な映画の現場をご存知なのだと知って、勝手ながら共犯者のような意識が芽生えてくる。

映画がカラーになる前、モノクロフィルムで撮影された吉田喜重監督の作品『女のみづうみ』で、岡田茉莉子さんが身につけた衣装のなんと美しいこと。胸元と背中が緩やかなV字に開いたドレスは、首から肩にかけての女性らしいラインを際立たせ、頭に被ったターバン状の帽子とともに、岡田茉莉子さんの魅力を最大限に引き出すことに成功している。

ファッションとは「人間の暮らしをみつめる仕事」で、デザイナーには「男と女のストーリーが描けることが必要」だと、著書『ファッション―蝶は国境をこえる』の中で述べられている。流行を作ることだけではなく、ひとの生きる様を身にまとうもので表現するのがファッションなのだと言えるデザイナーが、果たしてこの世にどのくらい存在するのだろうか。

アナザースカイ

『アナザースカイ』という番組のお陰でこの度のお茶会を催すことが叶いました。写真左より、藤間裕凰先生、アナベル、ヴァネッサ、筆者、クリストフ、パトリシアです

何年ぶりになるだろうか、長いご無沙汰の後、久々にパリを訪れる機会を得た。

ここ数年はインドをはじめとしたアジア諸国に浮気をしていたけれど、空港に降りた瞬間から、香水とコーヒーが混じったような香りだけでなく、鈍色《にびいろ》の空や、人々の無愛想な表情にまで郷愁のようなものを覚えるほど、パリが好きだったことを思い出した。

映画館が至るところに点在するパリの6区に部屋を借りて東京とパリを行き来していた頃は、雲行き次第で不機嫌になるフランスの人々にいつも振り回されていた。稚拙《ちせつ》なフランス語では一人前の人間として認めてもらえないのは当然だが、官公庁での手続きにはいつも泣かされた。郵便局ではいくつもの窓口をたらい回しにされ、ひとつの用事を済ませるのに1時間も要することなど日常茶飯事だったけれど、憧れのフランス文化に近づけるのならそんなこともお構いなしと必死に背伸びをしていた。

日本から古い器や家具を送り、出かける度に超過料金を取られるほど日本の食材を持ち込んでいたにもかかわらず、日本の古いしきたりや精神性に縛られることに比べたら、フランスでのままならない暮らしのほうが性に合うと思っていた。

毎日のようにフランス映画を観に行くも、よくわからずに居眠りをし、リュクサンブール公園で本を読むうちにうたた寝をし、友人とワインを飲みながら食事をするだけで楽しかった日々も、いつしか虚しく感じられるようになったのは、当時私が何者でもなかったからなのだろう。

ユーロが対円で高騰してしまったことを口実に久しくパリを不在にしていたこの間、私は必死で日本を探していた。日本人でいながら自国の文化のなんたるかを何も知らなかったことを恥じ、日本文化に憧れた。今もまだその渦中にあるけれど、長い航海を経て見つけた日本にようやく接岸できたあたりではないかと思う。

パリの友人たちにはたくさんのことを教えてもらった。パリの街の美しさや、穴場のレストラン、そして何よりも国境を越えた友情を。さらには、彼女たちが鏡のような存在となって、私に日本文化の良さを気づかせてくれた。

当時の私にはそれに応えることも、何かをお返しすることもできなかったけれど、数年の時間をかけて培ってきたお茶の心でささやかなおもてなしをさせていただくことにしよう。

この度お招きしたのは、日本舞踊の藤間裕凰先生、ファッションデザイナーのヴァネッサ・ブリューノ、同じくデザイナーのクリストフ・ルメール、そして姉のような存在のアナベル・リヴィエール、ジャーナリストのパトリシア・トルヌヴィルの5名。

日本からは玉澤の「霜ばしら」というサクッとした歯触りがあっという間に口中で溶けてしまう飴菓子を持参し、ボナパルト通りのラデュレではマカロンの生地にチョコレートをかけたショコラマカロンを求めて、一服のお茶を添えてみる。

久々に会った友人たちが日本の着物を身に着け、私の拙《つたな》い点前を喫するのを見て、遠ざかっていたパリが再び身近に感じられた。帰って来てもいい理由が見つかったような、そんな気がした。今なら自信をもって言うことができる。日本が好き、そしてパリも好きだと。

日々是好日

目覚ましの音に頼ることなくカーテンの隙間から差し込む光だけで夢から覚める朝のなんと心地よいことか。

自らの喉を白湯で潤したなら、ベランダに繁茂する草木に水を遣る。少々情緒には欠けるもののシャワー付きホースで葉裏に虫が付着していないかと目を光らせながら、まだ色の淡

やって来たばかりの梅の木は南高梅で、毎日水遣りに励んだところ、たった一つだけ実りました。梅干しにするか、梅酒にするか、あるいは醤油漬けにするか思案中です

い新緑にたっぷりと水を与える時間の安らぎは何にも代え難い。

白い侘《わ》び助《すけ》がポトリと落下したのを最後に訪れる静寂の季節、冷え枯るる美しさとも言われる冬の間を耐えきれず、今年の初春に梅の木を植えつけたのだけれど、百花の魁と言われる梅が若枝《すわえ》を伸ばし、白いつぼみがほころび始めたときには、侘びや寂びなどと言って冬の寂寥感《せきりょうかん》を愛でる振りをしていながら、やはり春が恋しかったのだと実感する。

この時期になると、いつにも増して目覚めが早くなり、刻一刻と変化する草木の表情から目が離せなくて、時間が許す限りベランダを眺めていたいと思う。

それでも、私の2つの目は節穴かと揶揄されても仕方がないくらい、新たな変化を見逃してしまう。ちょっと見ぬ間に芽吹き、遠慮がちに顔を出していた葉がピンと伸びたことに気づいて毎度驚くのである。

花後に葉が生い茂った梅の木に、小さな青梅を認めたときには、思わずハッと息を飲んだ。ト書きには描かれていても、実際演ずるとさじ加減の難しいその瞬間が、なぜ本番ではなかったのかと悔やむほど上手くハッと息を飲んだことは間違いない。

枝の隙間、緑が少しずつ色濃くなりつつある葉の下に、まるで赤子の頬のようにうっすらと起毛した丸い実が生《な》っているのを見て、誰が喜ばずにいられようか。

野山に自生している訳ではないので本当の自然とは言い難いけれど、拙宅のベランダのささやかな自然はものを知らぬ私にたくさんのことを教えてくれる。冬の間少しだけおろそかにしていた水遣りを春になった途端に毎朝するようになったことを、きっと嘲笑しつつも、そんな調子の良い持ち主にすら、植物の生長を見守ることの楽しさを味わわせてくれる。

春になったとてすべてが一斉に芽吹く訳でもなく、梅のように誰にも先駆けてその存在を静かに示す木もあれば、他の木々を凌駕《りょうが》するようにぐんぐんと伸びる輩《やから》もおり、その一方でみんなが出揃った後にようやく新芽をのぞかせる木もありと、樹形も葉の付き方も様々で、まるで人間社会のようである。そのいずれにも優劣をつけることなく、ありのままの姿で愛でることが、生まれも育ちも様々で、各々に信条の異なる人間に理解を示し、慈しむことに繋《つな》がればいいと思いながら、まだまだ未熟な私は頭で思い描く理想と、感情を伴った現実の狭間《はざま》で揺れ動く日々である。

紬茶会《つむぎちやかい》

天然染料を用いた染織家であり、随筆家としても豊饒《ほうじよう》な言葉を紡いで自然と対峙《たいじ》するお仕事について綴られる志村ふくみさん主催の紬茶会《つむぎちやかい》が京都嵯峨野の厭離《えんり》庵《あん》にて催され、滋賀県在住の友人、千代里さんと共に参加させていただいた。

時は祇園祭のさなか、京都の街が浴衣姿の人で賑わう傍らで、藤原定家が歌を詠み、また

祇園祭見物にも生まれて初めて出かけることになり、お稚児さんの健気な姿に感動しました。こちらは行く先々でいただいた「蘇《そ》民《みん》将来《しようらい》子《し》孫也《そんなり》」と書かれたちまきです

小倉百人一首を編んだ山荘であったといわれる寺院はひっそりと静まりかえっていた。苔むした境内で、そっと歩みを進める度に、気持ちがすっと引き締まり、着物に包まれた背中を伝う汗すらひんやりと涼しく感じられた。

茅葺《かやぶ》きの茶室に入ると、床の間には柳宗悦の軸が掛けられ、掛け花入れには境内に自生する桔梗《ききょう》が秋を先取りするかのように涼しげな顔をしていた。飾り棚にさり気なく広げてあったのは、近江八幡の農家の方が日常着として織っていた紬生地のはぎれ帳。自然の草木から抽出した色で糸を染め、機《はた》で織り続けていらした志村ふくみさんの生きる姿勢が反映されたお道具組に、深く心を打たれた。

鮎で名高き平野屋さん謹製のゆず味噌饅頭をいただき、河井寛次郎作の器で薄茶を口に含むと、緊張がほぐれて茶室に和やかな空気が流れた。

茶会では色無地に一つ紋以上の格の着物をまとうことが通例だけれど、親しい間柄の人々との茶会ならば、何もかしこまらずに紬茶会でいいと常々思っていたものだから、この度の趣向は願ったり叶ったりであった。

茶室を出ると急に空腹を感じ、ベジタリアンの千代里さんと連れだって紫野和久傳へ。こちらでは典座料理《てんぞりょうり》といって肉も魚も使わぬ精進料理をいただくことができる。赤紫蘇《あかじそ》とレモンのジュースから始まり、自家製の豆腐にじゅんさい、大徳寺麩の揚げ浸しなど、いずれも丁寧な仕事によって見目美しく整えられた料理は、鰹だしすら使用していないのにおいしかった。あっさりとした昆布だしで炊いた冬瓜など、お箸がすっと通るのに柔らかすぎることなく、それでいて旨味がしっかりと入り込んでいたものだから、その方法を尋ねると、「火を入れて冷ましてという工程を三度くらい繰り返しました」とのこと、なるほど煮崩れせずに京風の優しい味が染みこんでいた訳だった。

おいしいものを囲みながら会話もはずむと、箸を付けるタイミングに迷うことがあり、熱いものは熱いうちに、冷たいものは冷たいうちに、料理の味に集中しつつ、店主との会話を楽しみたくて、カウンターでの孤食もはばからない質《たち》だけれど、仕事を持っていたり子供がいたりと多忙な各々の立場を慮って、昼時にああでもないこうでもないと将来の展望について尽きない思いを語り合う婦女子の集いというのも、気軽な紬茶会のようで悪くないと改めて思えた夏の旅であった。

深い緑の中へ

林業が盛んだった江戸時代に切られたであろう切り株に苔が繁茂したウィルソン株は、道程の半ばにあり、洞穴のような空洞は登山者たちの憩いの場となっていました

まだ残暑の厳しかった8月の満月の頃、南国でありながら日本の四季を併せ持った屋久島を訪れることが叶った。到着するなりカヤックを楽しもうと思い立ち、夕暮れ時の安房川《あんぼうがわ》へ出かけた。海水と淡水が交わる川面は両岸の深い緑を映し、誰一人として先客のいない静けさの中、櫂《かい》を漕《こ》いで進むのはなんと贅沢な時間であったことだろう。川に流れ込む滝の冷た

いしぶきを浴びるなら、都会でまとった塵《ちり》が掃《はら》われた気がした。

翌朝3時に起床して暗がりを車で向かったのは、樹齢千年とも六千年とも言われる縄文杉を拝するための登山口だった。

月明かりが皓々《こうこう》と照らすトロッコ道を歩き出してみると、足音と、衣擦れの音、そして呼吸の音だけがわずかに響くのみで、まるで歩きながら瞑想をしているかのようだった。青白い満月に代わって朝日が周囲を温かく包み始めると、朝露に濡れた苔の一つ一つが際立って見えるようになった。目を凝らしてみると、姿形も様々な苔たちがひしめき、蜘蛛の巣もまた朝露をキラキラと輝かせていた。

時おり聞こえてくる鳥の鳴き声はズアカアオバトの求愛の唄で、能楽の始まりを知らせる笛の調べのように情緒を帯びた鳴き声に、思わず立ち止まって聴き入った。

混雑を避けて早めに出発した甲斐もあり、視界は常に開けていて、なだらかな道をテンポよく歩くうちに、トロッコ道は終点を迎え、休憩ポイントで天然の湧水を汲み上げて口に含むと、程よく疲れた身体に染み入るようだった。

いよいよ山道に入ると急な上り道が現れ、すでに3時間も頑張った足で歩くのは骨が折れたものの、前の夜に山中泊を楽しんだであろう人々とすれ違う度、「こんにちはぁ〜!」と、さわやかな挨拶が連なって、少々の辛さも甘受できる気になった。

植林による杉木立を見慣れていたため、実生《みしょう》で懸命に伸びようとしているたった1センチほどの赤ちゃん杉を認めると、愛おしくて仕方がない。屋久杉と言われる巨木は少なくとも千年はそこに根を張って生きてきたものだという。決して体力に自信がある訳でもないのに、関節に負担を強い、雨や汗に濡れてでも歩いて来て良かったと思える風格がいずれの屋久杉にもあった。中でも、6時間の道のりを経てようやく辿り着いた縄文杉は、威風堂々《いふうどうどう》とそこにそびえ立ち、私を含め数多《あまた》の観光客に取り囲まれてお祭り騒ぎのようになっていてもなおその威厳を失うことなく存在する姿が、世俗の煩いとは無縁の老いたる覚者のようだった。

帰路を下る途中で、75歳という高齢のご婦人方とすれ違った。荷物こそ数人のガイドさんが背負っていたものの、しっかりと2本の脚で歩く姿は本当に立派で、頭が下がる思いだった。淘汰と共生を繰り返して今に至った森へ、無情にも分け入るだけで何も還元できない身分で歩かせていただけることが、ただただありがたかった。

京の豆腐店

京都は姉小路《あねやこうじ》麩《ふ》屋町《やちょう》の一角にひっそりとたたずむお豆腐屋さんは明治39年の創業で、その名を「平野とうふ店」という。映画『あかね空』で江戸時代のお豆腐屋さんの女房を演じた際に、女房の役割である油揚げの揚げ方をご伝授いただいたのがこちらのお店だった。

当代で3代目になる平野さんご夫妻の一日は、真っ暗闇を街灯がかすかに照らす夜更けか

木綿豆腐は湯豆腐にすると熱々の昆布だしの中でふわっと柔らかくなります。このお豆腐が、俵屋旅館にて供される朝食の湯豆腐がおいしいと言われる所以《ゆえん》なのだとか

ら始まる。周囲に軒を連ね、得意先でもある俵屋旅館や柊家旅館の宿泊客が深い眠りの中にある頃、この界隈で評判の旨い豆腐が作られるのだ。

半日水に浸した大豆を粉砕してできる「ぬた」というドロドロの形状のものを108度の圧力釜で炊き、大豆の臭みが消失したところで絞ったかすがおからであり、絞り汁が豆乳である。熱々の絞りたて豆乳は、コクがあって、ほんのり甘くて内臓が芯から温まるご馳走で、空き瓶を抱えたご近所さんがこれを求めて次々訪れる。

熱々の豆乳ににがりを混ぜたものがふんわりと固まっておぼろ豆腐になる。これもまた、箸先からこぼれそうなほど柔らかいできたてを口にすると、お醤油など何もつけずして大豆の甘みとにがりの塩気だけで十分に旨い。

型に流し込まれたおぼろ豆腐は重しを載せられると次第に固まっていく。おぼろ豆腐から滴るにがりを含んだ水分は脱脂力に優れるため、一日の終わりに釜や器具を洗う洗剤として用いられてきた。

余分な水分が抜けて固まった豆腐は、澄んだ水をたっぷりと張った水槽に沈められ、水の中で切り分けられたものがお客様の手に渡るのだ。

魯山人はこちらで求めた豆腐を自ら揚げて厚揚げを作り、それに魚焼き網で焼き目をつけて虎に見立て、大根おろしをかけては「雪虎《ゆきとら》」と名づけて食したとのこと。また、豆腐嫌いの白洲次郎さんもこちらの豆腐だけは好んで口にしたという。

すべての工程で使用される水は地下50メートルから汲み上げた天然の井戸水であり、琵琶湖に匹敵するくらい潤沢な水量を誇る京都の名水が豆腐の旨さに一役買っていた。ご主人に「飲んでみる？」と言われて差し出されたグラスの水は無味無臭の超軟水で、屋久島の天然水に極めて等しい。

ご主人が豆腐を作る傍らで、奥様はもうひとつの看板商品である油揚げをひたすらに揚げ続ける。

低温の油を張った釜に、豆腐より固めの生地を沈め、しばらくして1尺ほどに広がった生地を、もう一双の180度の釜に移すとジュワッと一気に揚がり、京風の大判油揚げができあがる。揚げたてのおいしさは格別で、熱々のサクサクを遠慮なくいただいた。

雪が舞おうが仲違《なかたが》いをしようがグッと堪えて、仕事をする。目ならぬ背中が口ほどに物を言うのだと『あかね空』の折に教わった。豆腐屋は嫁の来手がないと言われたにもかかわらず、嫁いでお店に立つこと数十年。息子さんへの継承をためらいつつ、やはり続けて欲しいと願う気持ちが今日もまた早朝からの油揚げに託される。

雪のち晴れ

朝一番の清水寺を望む。いつもは観光客で賑わうこの空間を独り占めして、仄かに雪化粧をした本殿を拝み、風の音すら聞こえない究極の静けさを存分に味わいました

映画『源氏物語』と、ドラマ『砂の器』の撮影で、秋から冬にかけて延べ2カ月にわたり京都に滞在していた。

名所旧跡や神社仏閣を巡って楽しむゆとりなどないのが撮影の常であったけれど、この度の滞在では、仕事に集中する傍らでふらりと古寺や離宮を訪れる時間も与えられた。

宿と仕事場の往復時間すら楽しめたのは、建造物が低く空の分量が多かったからだろう。東京の暮らしでは望めない季節の移ろいを存分に味わいながら、過ごす日々は至福の時だった。

日に日に色づいていった木々もいつしかその葉を落とし、冬枯れの閑散とした京都もいいものだった。

ここ数年では珍しく雪が夜通し降り続けた折、まだ暗いうちに目を覚ましてカーテンを開けると、一面の銀世界が街灯の光を反射してキラキラと輝いていた。前夜からの降雪で運転を見合わせたタクシーが多く、すぐに配車という訳にはいかなかったけれど、1時間程待ってようやく一台のタクシーを確保できると、すぐさま宿を発《た》った。お昼前には新幹線で東京へ向かう予定だったものの、寸暇を惜しんで雪の京都を満喫しようと思い立ったのだ。

早朝の清水寺は冷たく透き通った空と降り積もった雪に縁取られてその威厳を増していた。先客は猫の足跡くらいで、新雪の上をブーツでザクッザクッと踏みしめて歩くなら童心に帰るようだった。

本堂へ進むと、早朝拝観のために熊手で雪掻きをする方が数名いらして、「おはようございます！」と気持ちのよい挨拶を交わした。「すべるから気をつけてね」と言われたそばからズルッとすべり、危うく転倒しそうになりながら、眼下に広がる景色を眺めた。

誰もいない清水の舞台から真っ白な世界に向かって飛び降りたらどんなにか清々《すがすが》しいことだろうと想像しながら、高所恐怖症の分際でそんな大それたことができるはずもなく、江戸時代にご利益を信じて本当に飛び降りた人々を思った。

帰り道に坂を下る途中でこんもりと雪を被ってたたずむお地蔵さんの前を通り過ぎた。数百年間変わらずそこにある古寺がこうして季節ごとに多彩な表情を見せてくれるのを、どれだけ見逃してきたのだろうか。

続いて凍った道を徐行運転で向かったのは、金閣寺だった。晴天時には眩しすぎる彼の寺院も雪を頂いた姿はさぞ美しかろうと、開門して間もなく訪れたところ、すでに多くの観光客がカメラを向けていた。

いつもなら黄金色の舎利殿を映し出す池の水面を鈍色の薄氷が覆っていた。雪化粧の金閣は慎ましく見えるかと思いきや、むしろその輝きをさらに増して見えた。

下地の漆が表面の金箔ににじみ出ていたと言われる焼失以前の金閣はいかほどだったのだろう。まばゆいばかりに光彩を放つ現在の金閣も見映えはするけれど、いずれ経年とともに金箔が少しくたびれた頃、金閣に雪が積もるのを再び拝んでみたいと思った。

冬来たりなば春遠からじ

恐らく日本中の多くの人々と同じように、あの日から私の中で何かが大きく変わってしまった。

3月11日、畠山記念館のお茶室で雑誌の撮影を終え、学芸員の水田さんのご案内のもと、館内で開催されていた琳派の名匠たちの展示を鑑賞し、表門から出ようとしたその時に、揺

投げ入れのお稽古で土器に入れたのは白雪芥子《しらゆきげし》です。心がざわついているときこそ、物言わぬ花に癒やされるのです

れの第一波が訪れたのだった。

門扉の辺りまで見送りに来てくださった水田さんが慌てて館内へ戻られたのは、さざ波のような揺れがじわじわと襲ってきた頃だった。

やがて竹がしなるように電柱が揺れ、木々がわさわさと音を立て、まるでアスファルトが波打つかのように感じられるほど大地に揺すぶられるのをただただやり過ごすより他なかった。今しがた観たばかりの本阿弥光悦《ほんあみこうえつ》の赤楽茶碗や、尾形乾山《おがたけんざん》の器たちが無事だったのか気がかりだった。

その後、恵比寿のホテルにて打ち合わせの約束があったにもかかわらず、ホテルの安全確認を行うためとのことで館外退去を促され、混乱による交通渋滞の中、汐留《しおどめ》の日本テレビへ向かった。

そのときお目にかかったプロデューサーのご実家が震源地の宮城県だと伺ったときには、まだこれほどの大惨事になろうとは思っていなかった。

馴染みのお店で夕食の食材を求めると、自宅へは2時間ほどかかってようやく辿り着いた。エレベーターが停止していたので階段室の扉を開けてみたところ、壁面に亀裂が走っていた。

玄関に一歩足を踏み入れる瞬間、いかなる運命をも受け入れるつもりだった。形あるものは壊れる。この期《ご》に及んで世の無常を嘆いても仕方がないと。壊滅状態になった部屋を覚悟したものの、ワイングラスがひとつ割れていただけで、何の痛手も負っていないことに肩すかしを食らったようだった。

その後の惨状を報道で目にする度に、何かをしなければならないと気が急いた。それと同時に、本当に大切なものが見えてきた。哀しいことに不要なものも見えてきた。有事こそひとの本質が露《あら》わになるのではないだろうか。誤魔化しようのない真実が透けて見えるこの時を恐ろしいとも思うし、ほっとするような気もする。

哀しみにうなだれているだけの日々とはそろそろ決別したい。

情報の洪水に惑わされて右往左往している暇はないのだ。原発の是非についてはさておき、飛行機に乗れば誰でも同じように被曝する程度の放射線を恐れるよりは、ホルミシス効果に期待する。ほうれんそうだってありがたくいただく。福島のとろとろでおいしい森山の半熟燻製卵「キミがいちばん」も復活したとのことで真っ先に注文した。

今、私にできることといったら、この肉体と声と精神を使って、傷ついた方々の心に届く作品をつくることくらいしかない。だからこそ、ためらうことなく前進しようと思う。

明日の日本のために、子供たちのために、そして自分の大切なひとたちのためにも。

ZED

シルク・ドゥ・ソレイユの人間の限界を超越したパフォーミングアーツと、オリエンタルランドのホスピタリティーマインドが手と手を取り合い、観客を夢の世界へといざなう『ZED』（ゼッド）は東京ディズニーリゾートの常設ショーである。

15年前に初めて観た『ALEGRIA』で狂喜させられて以来、シルク・ドゥ・ソレイユ

いつの世も惹かれ合い、互いに支え合ってきた男女の普遍的な愛の物語を垣間見ているような気持ちになりました　Photo: Red Dog Studio, Costume: Renée April © Cirque Du Soleil Inc.

のショーはありふれた日常に舞い込む強烈な賦活剤であり、私の人生をよりよき方向へと導いてくれるメンターのような存在でもある。

『ZED』の演出を担当しているのは映画『SILK』でお世話になり、私にとって初舞台となる『猟銃』の演出家でもあるフランソワ・ジラール氏。様々なバックグラウンドを持つ俳優の心に分け隔てなく寄り添い、ご自身の溢れんばかりの情熱で、俳優はもとより携わるすべてのスタッフを包み込んでしまう力を持っているフランソワがアクロバティックなパフォーマンスをアートに昇華させたシルク・ドゥ・ソレイユと出逢い、出演者たちの無限の可能性を引き出し、観客に届けることとなったのも必然だったのかもしれない。

２００8年の幕開けの瞬間に立ち会って以来二度目の鑑賞となったけれど、初めて観たとき以上に驚かされ、歓喜させられ、まばたきをする暇も惜しいほど、ステージで繰り広げられるパフォーマンスに夢中にさせられた。

とりわけ私の琴線に触れたのは『Hand to Hand』という天と地を象徴する男女が対になった演目だった。男性の身体のみを支柱に女性が宙に浮き2人は絶妙の均衡を保ちながら動くのだけれど、能の舞台のようにゆっくりとその姿を変化させる様は、互いの信頼関係なしには成り立たないだろう。一瞬でも疑いを抱いたならばすぐさまバランスを崩すであろうはずなのに、まるで呼吸も心拍数もシンクロしているかのような錯覚を覚えるほど、2人の動きは連動し、また安定していた。時に男女の位置が逆転し、男性を女性が支える局面もあり、陰陽、善悪、美醜、相反する力が互いに支え合い、牽引し合ってこの世の均衡が保たれていることを象徴しているのと同時に、男と女の普遍的な愛の物語をまざまざと見せつけられたようでもあった。

人間の肉体という有限の存在を用いて誰もが本来持っていたはずの純粋な心に訴えかけるシルク・ドゥ・ソレイユの作品は、人が人を信じることの尊さを教えてくれる。ともすれば人命に関わる危険なパフォーマンスを支えているのは、出演者同士の強固な信頼関係と、決して表に出ることはないながら出演者が最高のコンディションで臨むことができるよう綿密な準備を怠らないスタッフの高い志なのだ。

震災の影響も少なからず被ったはずなのに、より強い結束と高いモチベーションで見せてくれたつかの間の夢を、私は決して忘れないだろう。

モントリオール

ナタリー・ポートマン似の美しいインストラクター・モーガンは、耳元でそっと指示を出してくれるのだけれど、その声もまた、全身に染み入るような素晴らしい声なのです

生まれて初めての舞台作品『猟銃』の稽古を目前に控えてモントリオールに滞在している。北米にありながらフランス語が飛び交う街は程よい大きさで、時間がゆっくりと流れ、心根の優しい人々がそれぞれに人生を謳歌している、そんな場所である。

3人の女性をたったひとりで演じ分けるため、3人のうちいずれかでは、少々歪んだ身体

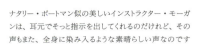

の使い方もさせたいという演出家のフランソワ・ジラール氏の意志を反映するため、あえて身体の真っ直ぐな軸を探す日々である。

幸いなことに、滞在しているアパルトモンから徒歩で10分圏内にヨガのスタジオが数軒あり、さらにはジャイロトニックやピラティスを教えているスタジオもあった。

これまで役を演じる際の集中力や心のコントロール、そして仕事をする上でのモチベーションを保つのにヨガの瞑想からたくさんの恩恵を受けてきた。

しかし、訳あって左右の足の長さも異なれば股関節の可動域に制限もあるため、歪んだ身体で誤った筋肉の使い方のままヨガを続けていたことで、歪んだまま無駄な場所に筋肉がついていることにも気づきつつあった頃、ジャイロトニックに出逢い、ヨガをより深く理解する助けにもなった。骨盤や背骨を積極的に動かすことで、数十年間身体の外側にあった重心が内側に入り、真っ直ぐな一本の軸を身体の中に感じることができた瞬間は、この上ない喜びだった。

完璧に均整のとれた身体にはまだまだほど遠いし、日常生活のなかで再び歪みは現れる。他の人には簡単でも、私にはできないこともたくさんある。それでも、年齢とともに身体能力は衰えていくものだと信じていたはずなのに、むしろ年齢とともに身体の感覚が目覚めていく、自分が頭で思い描いていたよりも、はるかに可能性を秘めているということに気づけたことは、なんと幸運なことだろう。

このところ毎日のように通っているスタジオでは、理学療法士の資格を持つインストラクターが背骨の歪み、主要な関節の可動域、骨盤の高さなどをチェックするところから始まった。個々の改善すべき点を詳細に把握し、カルテに記録してからようやくレッスンに至るのだ。

いくつもの機械が整然と配置された広いスタジオは、日本人好みの清潔さで、インストラクターも各人の悩みに真剣に耳を傾け、それを改善しようと本気で取り組んでくれていることが表情からも言葉の端々からも感じられる。

ジャイロトニックはフランス人のモーガンが、ピラティスはブラジル人のタチアナとコロンビア人のディアナ、そしてモントリオール出身のクララが身体の隅々の動きまで見逃さず、丁寧に指導してくれている。4人とも数々の難題を提示する一方で、身体が新たな感覚を掴む度に、声を上げて喜んでくれる。真っ直ぐではない身体も、十分に動かない身体も許されている、そんな風に安心して身も心も預けることのできる場所が、ここモントリオールにもあったことを心から嬉しく思う。

gratuit chaque jeudi
VOIR
MIKI NAKATANI
dans LE FUSIL DE CHASSE (m.e.s. françois girard)
RENTRÉE CULTURELLE 2011 MONTRÉAL-TOKYO
l'automne en disques / concerts / théâtre / danse / cirque / livres / expos / cinéma
plus little scream, salomé leclerc / micheline lanctot / andré forcier
voir la vie restaurants vintage / vendanges / l'escalade de bloc
concours à gagner / des billets pour IAM
plus de détails sur voir.ca

ARTS ET SPECTACLES

THÉÂTRE / *LE FUSIL DE CHASSE*

Éblouissante Miki Nakatani

ALEXANDRE VIGNEAULT
CRITIQUE

PHOTO FOURNIE PAR L'USINE C

La comédienne japonaise Miki Nakatani offre une interprétation tout en finesse dans la pièce *Le fusil de chasse*, présentée à l'Usine C.

L'adaptation du court roman *Le fusil de chasse* par François Girard avait déjà récolté des commentaires élogieux à sa création, l'automne dernier, à l'Usine C. Son raffinement esthétique a été souligné, de même que l'interprétation de Marie Brassard et l'habileté avec laquelle le texte de Yasushi Inoué scrute en profondeur la sincérité des sentiments humains et les demi-vérités que peut contenir un aveu.

Un an plus tard, tout ceci demeure vrai, à la différence que ce n'est pas Marie Brassard qui reprend la pièce à l'Usine C, mais la comédienne nippone Miki Nakatani et elle le fait en japonais (avec surtitres français). L'actrice, qui jouait au théâtre pour la première fois, a offert des interprétations aux contours parfaitement dessinés, mais aussi pleines de nuances.

Le fusil de chasse est pourtant une partition peu banale. Déclinaison d'un récit essentiellement épistolaire, la pièce s'appuie sur trois lettres adressées à un homme par sa défunte maîtresse, par son épouse et par la fille de sa maîtresse. Trois regards posés sur le même amour coupable, trois envies de prendre la parole pour exposer ses sentiments dans leur plus pure nudité, trois versions d'un silence qui laisse des cicatrices.

Presque seule en scène – l'interaction avec Rodrigue Proteau, muet et en retrait, est minimale –, Miki Nakatani trouve le ton et la manière juste de donner corps et voix à des personnages aux antipodes : l'orpheline intimidée et blessée; la femme bafouée, complice silencieuse de son malheur, qui cherche sa revanche; l'amante sereine et compatissante.

S'inscrivant parfaitement dans le lent mouvement du spectacle, marqué par les métamorphoses successives de la scénographie, la comédienne passe avec aisance et grâce d'une femme à l'autre. François Girard mise davantage sur les images et les atmosphères que sur l'émotion. Or, son interprète principale s'avère néanmoins touchante dans le rôle de l'amante mourante, passage où sa voix douce se trouve en parfaite adéquation avec le texte et les gestes précis qu'elle pose pour se vêtir d'un kimono.

La scène est en effet saisissante : à mesure qu'elle enfile et ceinture son corps dans ces étoffes, qu'elle s'enferme dans ce vêtement carcan et que son personnage s'approche de la mort, la comédienne réduit subtilement le rythme de ses gestes et limite les expressions de son visage. Elle devient tel un masque d'une grande beauté que même un amour immense n'a pas su percer.

Jusqu'à samedi à l'Usine C.

PHOTO FOURNIE PAR LA SMCQ

Walter Boudreau offre une programmation centrée sur la compositrice Ana Sokolovic, voix importante du paysage culturel québécois.

MUSIQUE CONTEMPORAINE

Ana et Angèle chez Walter

CLAUDE GINGRAS

La 46ᵉ saison de la Société de musique contemporaine

film *Musiques pour un siècle sourd*, de Richard Jutras, table ronde avec la compositrice et concert de l'Ensemble de la SMCQ.

GESÙ

Diversité et proximité

DANIEL LEMAY

Bien avant les Maisons symphoniques, Place des Arts ou la Comédie-Canadienne, le Gesù était là, tantôt gardien de la tradition – comme salle académique du collège Sainte-Marie (1865) qui deviendra l'UQAM – tantôt porte ouverte sur la modernité où passeront les avant-gardes de différentes époques, du Théâtre d'essai en 1949 à la Nuit de la poésie de 1970.

Aujourd'hui, les vieilles pierres grises de la rue De Bleury abritent un « centre de créativité » où des artistes de toutes allégeances travaillent en résidence ou présentent leurs

PHOTO IVANOH DEMERS, ARCHIVES LA PRESSE

Sylvie Tremblay et Monique Fauteux reprennent ce soir leur hommage à

処女航海

私にとって生まれて初めての舞台作品である『猟銃』がモントリオールにて幕を開けた。演じるという仕事を始めてから、この新たな世界の扉を開くまでに実に十八年もの時間を要した。そして、その世界はあたたかく、輝かしく、心地のよい場所だった。

演出家のフランソワ・ジラール氏との出逢いは二〇〇五年頃だった。インド旅行に明け暮れていた折に、映画『ＳＩＬＫ』のオーディションにお呼びがかかったのが、そもそもの始まりだった。

仕事を辞めるか否か迷っていた時期に、何回目かのインド旅行から戻ったばかりだったこともあり、何の期待も努力もせず、恐らく受かるはずもないであろうオーディションのために化粧をすることすらせず、デニムのパンツにカシミアのＶネックのニットを着て、ただなんとなく旅の続きのような気持ちで臨んだ。

それにもかかわらず、指定の場所を訪ねると、夕方の柔らかい光の中で、まるでフランソワの自宅に招かれたようなくつろいだ雰囲気の中、初めて出逢ったとは思えないほど、会話がはずんだのを記憶している。帰ってきたばかりのインドの話や、パリ滞在の想い出を初対面の映画監督にするなんて思ってもいなかったし、ましてやそれに興味を持って耳を傾けていただけるなんて、想像すらしなかった。

フランソワは『ＳＩＬＫ』という映画におけるマダム・ブランシュという女性の役割を丁寧に説明してくれて、脚本の行間は彼の豊かな言葉と情熱で埋め尽くされ、見えないはずのフランスの景色がその場に広がったことは忘れがたい想い出である。窓際で彼が自ら数枚の写真を撮って、その日のオーディションは終わり、その後まもなく正式な依頼をいただくこととなった。

日本とフランスを舞台にした物語は長野や山形、そしてイタリアのローマで撮影された。私の演じたマダム・ブランシュは、江戸末期に横浜あたりからフランスへ渡り、訳あって娼館を営んでいる女性で、マイケル・ピットが演じた主人公のエルヴェが手にした日本語で書かれた長い手紙の通訳をするのであった。果たして手紙の主ならそれをどのように読むだろうかと、フランソワに尋ねたところ、キーラ・ナイトレイが自らの声で読む長文を録音してくれることになり、その声を繰り返し聴いて撮影に臨んだ。

慣れない土地での見知らぬ人々との撮影は少なからぬ負担はあったものの、各々のシーンを撮り始める前に、必ず俳優と監督のみでリハーサルをして、役柄の心のありようを十分に話し合った後にようやくスタッフと合流するという、デリカシーと配慮のある現場だったことに今でも感謝している。

ローマでの撮影中に「美紀、劇中で流れる小唄を君に歌って欲しいのだけれど、お願いできないかな？」

との依頼には尻込みするばかりで、いくつかの言い訳で逃れようとしたものの「君の声は素晴らしいからこの作品にぜひ必要なんだ。レッスンを受ければ簡単に歌えるようになると思うよ。雪景色の中に君の声が響くんだ。いいと思わない？」などと語りかけられると、思わず「Ｎｏ」という機会を逸してしまうほど、人の懐に入る加減を心得ているのがフランソワなのだ。

はからずもその場で「Ｙｅｓ」と応じてしまったものの、付け焼き刃で習得した小唄をフィルムに刻む度胸もなく、結局その後、前言を撤回し、所属のプロダクションを楯に逃げ切ったのだけれど、フランソワの人を説得し、無理矢理にではなく、まるで自分がそうしたくなるかのような気持ちにさせる力は、その後も幾度となく発揮されることとなった。

それがこの『猟銃』だった。『ＳＩＬＫ』での出逢いから程なくして『猟銃』を舞台化したいのだ、というお話をいただくこととなった。セルジュ・ラモット氏による英語の脚本が用意され、井上靖さんの原作と共に手元に届けられたのだった。

恥ずかしながらそれまでは原作の『猟銃』の存在を知らなかった。通称〝ケベクワ〟と呼ばれる、フランス系カナダ人の彼に提示されて初めて原作を手に取り、そして胸の底の鋭利な痛みと共に味わうこととなったのだった。「薔子、みどり、彩子、三人の役柄の中から、誰でも好きな役を選んでいいから、演じてみない？」という問いかけに、ついつい「せっかく演じるなら、三役すべて演じてみたいです」と自らの首を絞めるようなことを口にしてしまったのは〇七年のこと。フランソワがその場で「いいね、それなら三役ひとりで演じてご覧。是非そのプランで企画を考え直すよ」と言ったとき、いつのまにか彼の意のままに動かされていることに気づいた。

フランソワとの出逢いがなかったら、恐らく舞台に立ち、身体と魂を使って台詞を述べ、感情を露わにするなどということは、この先もなかっただろう。そもそも演じるということを職業にしているにもかかわらず、人前に出ることは決して得意なほうではないし、何かしらの結果を出さなければならないと思うと、未だに身がすくむ。

さらには、自分の身体能力に限界があり、本来舞台に立つべき人間ではないと長年思い込んでいた。訳あって左右の足の長さが二センチほど異なり、それゆえに左の臀部や大腿筋に軽い拘縮が見られる。したがって、舞台俳優にとって最も大切であろうはずの、ただ真っ直ぐに歩くということに少々困難を感じる。これまでも映画の撮影時に真っ直ぐ歩くようにとのご指摘を度々受け、二センチの差をなんとか筋力で補おうとヨガの修練に努めてきた。しかし、カメラの前では繕《つくろ》うことができても、舞台の上では誤魔化しは通用しない。果たしてそんな人間に舞台の上に立つ資格はあるのかと、何度もためらった。

また、自ら「三役を演じたい」と言ってしまったものの、声の鍛錬も満足にできていないのに私に務まるのかと不安になって、フランソワからのメールに長いこと返信せずにいたところ、今度は通訳の方から日本語訳のメールが届くようになった。しかし、それすら返信することが億劫《おっくう》になって、メールの着信を見て見ぬ振りをするようになっていた。

それでも、この五年程の間に『ＳＩＬＫ』の東京国際映画祭でのクロージング上映、そしてシルク・ドゥ・ソレイユの『ZED』公演のため、フランソワが来日する度にミーティングの機会を設け、『猟銃』について話し合いを重ねてきた。

逢う毎に彼の中で演出プランが膨らんでいて、〇九年にはすでに現在の美術プランとひとりの役柄から次の役柄への変換プランが練られていた。その豊かな想像力と情熱は尽きることなく、すでに溢れんばかりのアイディアを手にしていながら、必ずこちらのひらめきにも耳を傾けてくれる。その懐の深さがフランソワの魅力で、彼は何か新たな提案をすると、必ずそれを大きく膨らませて返してくれるのだ。

当初はケベック州のモントリオールというフランス系人種の多い土地柄ゆえに、フランス語で演じて欲しいということだったけれど、「これは日本の物語です。モントリオールのお客様にも、日本のお客様にも日本語の響きとともにこの物語を味わっていただきたいのです」という私の意見にも快く応じてくれた。

思えば『SILK』の撮影時にも、スタッフを信じ、俳優を信じ、マイケル・ピットにも私にも度々「あなたはどう思う？　どうしたい？」と尋ねてくれたのだった。

この『猟銃』の舞台化に携わり、フランソワのクリエーションの一端を担いたいという思いと、やはり私にはできないかもしれないという思いが常に混在していたけれど、何度目かのミーティングでいよいよ具体的なスケジュールの調整に入った。

理想は二〇一〇年の晩夏にモントリオールで稽古を始め、十月からモントリオール、オタワ、東京、そして日本各地を巡るというプランだった。そのつもりで演出家と劇場、そして私も予定をすり合わせたのだったが、『源氏物語―千年の謎―』の撮影のため、どうしても二〇一〇年の公演は断念せざるを得なかった。

国外でシルク・ドゥ・ソレイユやオペラの演出家として活躍するフランソワ・ジラールが長い不在の果てにようやく戻って来ることを待ち望んでいたモントリオールの劇場では、プログラメーションがすでに確定しており、本来私が演じるはずだった役柄を、モントリオール屈指の舞台女優、マリー・ブラッサールさんが演じることとなった。偉大なるロベール・ルパージュの作品をはじめ、数々の作品で世界中を巡ってきた、フランソワも信頼する方である。

熟練した舞台女優であり、演出家でもあるマリーがフランス語で演じることで、私が新たに日本語で演じる際には比較の対象となって、分《ぶ》が悪くなる可能性も多分にあったけれど、フランソワがマリーと作り上げた『猟銃』は、フランス語であるにもかかわらず、日本人女性の繊細さ、そして、口から発する言葉と心の矛盾、しなやかな強さ、そして哀しみを示して余りある、素晴らしいもので、心を動かされた。

言わば演劇界の大先輩であるマリーの存在はむしろ、この度のモントリオールでの創作において心の拠り所であり、フランソワの自宅でのホームパーティーでの出逢いから始まって、初日の幕が開けるまで、常にたくさんのアドバイスと励ましを受けた。

振り返ってみると、彼の地での約二カ月は実に豊かな時間であった。フランソワが演出し、ラジオシティーホールにて上演していたシルク・ドゥ・ソレイユの新作『Zarkana』を見るためにニューヨークに渡ったのが七月二十日だった。客席数は四千ほどだっただろうか？満場の客席は目まぐるしく展開するスペクタクルに圧倒され、歓喜の声に沸き立っていた。

ガラステーブルの上の砂を手でかき混ぜ、次から次へと描く絵がスクリーンに映し出されるサンドペインティングや、白い衣装を身につけた男性が一人でゆっくりと優美な動きを見せる演目など、アーティストたちの魅力と音楽と舞台装置とふんだんな映像、そして観客の熱気がひとつになった劇場は、いつまでもその夢の中に留まっていたいと思わせる程、心地よかった。

そしてモントリオールに降り立ったのが七月二十二日、フランス語で〝カニキュール〟と言われる酷暑の日で、衣装合わせのため早々に向かったのは、『猟銃』を上演する劇場USINE Cだった。USINEとはフランス語で工場を意味し、Cはconfitureの略で、かつてジャム工場だったところを演劇、コンテンポラリーダンス、音楽とジャンルを問わず新たな試みを発信する拠点としてリノベートした劇場である。

十六歳の折にユーロスペースで観て以来、フランス語を学びたいと思ったきっかけといっても過言ではない、レオス・カラックスの『汚れた血』で主人公を演じた、ドニ・ラヴァンのポスターが廊下に貼ってあるのを発見して胸が高鳴った。

ドニ・ラヴァンが演じたのと同じ空間で演じることが叶おうとは。劇場はすでにバカンスモードでほとんどのスタッフが出払っており、衣装担当のヴェロニクと彼女のかわいい息子オリビエが地下の楽屋で待っていてくれた。静まり返った劇場でドレスの採寸をし、一日二回公演に備えてそれぞれの役柄ごとに二着ずつ衣装を用意していただくことを約束した。

サンローラン通りにあるオーガニックのスーパー「Rachelle Bery」にて生アーモンドやくるみなどたくさんのナッツや、野菜、ワイルドライスなどと当面の食材を買い込み、モントリオールでの生活が始まった。

稽古が始まるまでの約一カ月、毎朝歩いて「Ann Macmillan Pilates」に通い、ジャイロトニックとピラティスのレッスンを受けた。

モナコから来たモーガンはスタジオで唯一のジャイロトニックのインストラクターで、椅子の上に座り、目を閉じて深い呼吸から始まるレッスンは、優しく美しいモーガンの声に全身をマッサージされているような気持ちになる。骨盤と背骨を縦横、そしてらせん状に動かすことで、身体の本来あるべき姿を探っていく過程で、アンバランスな身体が動かないなりに「眠っていた可能性」を目覚めさせていくのを感じた。

足の左右差は、必然的に骨盤の歪みにも通じていて、それが腹筋や背筋の力においても左右差を生じさせていた。数年来、そのアンバランスな身体を自ら許すことができず、常に失望し、諦めていたのだけれど、この一年ほどの間、『猟銃』の舞台に立つために、いつにも増して真剣にヨガやジャイロトニックのレッスンに励む中で、今までまるで意識したことのなかった新たな筋肉や筋膜の存在に気づき始め、最も苦手とする合せきのポーズをするさなか、この頑固な身体も可動域の狭い股関節も、必死で頑張っていることに魂の内側から気づいた瞬間があった。

足かけ八年、恐らくその日のクラスの中で誰よりも長くヨガのレッスンを続けてきたであろうに、そのクラスの誰よりも硬い股関節に上半身を傾けながら、この身体を初めて許し、心から慈しみたいと思った瞬間、涙がとめどなく溢れた。

そして、この度モントリオールにて出逢ったモーガンと、ピラティスのインストラクターであり理学療法士のタチアナ、同じく理学療法士のディアナ、そして九月から東京で早稲田大学に留学するというクララは、それぞれの時間とエネルギーを惜しみなく費やして、私が舞台に立つためのサポートをしてくれた。

アンバランスな身体が私の意志を汲み取って、真っ直ぐな軸を必死で見いだそうとしているのを感じたし、四人の笑顔が厳しい腹筋エクササイズの苦しさを緩和してくれたことをありがたく思った。

正直なところ、かつてパリでの滞在が長かった経験から、フランス系の人々からの思いやりや慈悲の心などは、期待していなかった。パリでは幸いにも心あたたかな友人たちに恵まれたものの、友人のコミュニティから一歩外に足を踏み出すと、鈍色の空の下にはエゴと無関心が氾濫していた。その無関心が気楽だったから長い滞在ができたことも確かであるけれど……。

それゆえに、フランス系住人が多数を占めるモントリオールで人の優しさに触れようなどとは思ってもみなかった。

ところが、モーガンはレッスンの最後に必ず「息を深〜く吸って、吐いて〜、身体が完全に重く床に沈んでいくように〜」と耳元で囁きながら私の身体をマッサージしてくれ、私が遅刻したときなど、時間を延長してレッスンを続けてくれたり、彼女がバンクーバーへ長いバカンスに出かける直前には、当初のスケジュールでは休みを取っていたはずなのに、「土曜日も出勤するわ。それから月曜日も私が飛行機に乗る前にレッスンしましょう。一時間半の延長レッスンにして、三十分は私からのささやかなプレゼント」と、飛行機に乗るギリギリまでレッスンに付き合ってくれた。

さらには、最後のレッスンだからと言って、ジャイロトニックのマシンなしでも椅子の上でこなせる自宅用のプログラムを丁寧に書いて手渡してくれた。こんな優しさに私は何をして応えたらいいのだろうか。

「私は舞台は見に行けないけれど、きっと成功することを祈っているわ。長い台詞、頑張って覚えてね」という最後の笑顔に、思わず涙を禁じ得なかった。

そして、私は心に決めた。彼女の思いやりに応える方法はただひとつ、舞台『猟銃』を成功させることだ。彼女の貴重な時間と労力を割いてくれたことを、誇りに思ってもらえるようなパフォーマンスをすることが、せめてもの報いであると。

その後もピラティスを指導してくれたディアナが「モーガンとのレッスンみたいにしてあげたくて」と、本来ピラティスにはない動きを自ら考えて教えてくれたり、スタジオに集うすべての人々にとって母親のような存在だった受付のフランシーヌは、私のリハーサルのスケジュールを考慮しながら、度重なる予定の変更にも快く応じてくれた。

こうして身も心も安心して委ねることのできる場所がモントリオールにあったことは、見知らぬ土地で友人のひとりもいない私にとって救いとなった。

そして、確かに身体能力には限界があるものの、それすら味方につけて演じることは決して不可能ではないし、実のところ限界は自らの心が設けているのであって、未知のものを恐れる余りに、無限の可能性から目を逸《そ》らしていてはもったいないと思えるようになったのは、これらの日々のお陰であった。

モントリールに来てから、街行く人々の優しさに触れることが度々あった。道がわからず誰かに尋ねると、必ず丁寧に教えてくれた。また、どこのレストランでも配膳後しばらくしてから「問題はない？　どうぞ食事を楽しんで！」と必ずホールスタッフが気配りをしてくれたし、塩分が強すぎてどうしても箸のすすまなかったお皿を見て「これ、あなたのお口に合わなかったでしょう？　キャンセルするよ」とすでに手をつけた料理を下げ、何もチャージされなかったときには、この人は私に気があるのかと勘違いしそうになったものの、残念ながら全くそのようなことはなく、モントリオールの多くのレストランでは、お客様の口に合わなかったものは、会計に含めないらしい。

カウンターで隣り合わせた見知らぬ人とも度々会話がはずみ、食事を分けていただいたりもした。そして、タクシーを降りた際に不注意にも落としてしまったお財布を探していたところ、その瞬間を路上で見ていた女性が車からわざわざ降りて拾い、手渡してくれたことさえあった。

「Ｎｏ」と声高《こわだか》に主張したり言い争ったりしなくても、人が人を思いやり、人の役に立てることを喜びとする場所で、穏やかに過ごすことができたのだ。社会に育てられた人間が、社会に貢献しようという精神こそが、金銭などでは決してはかることのできない豊かな文化を築く礎なのではないかと思う。

稽古を目前に控えて、昨年『猟銃』を演じたマリー、そして共演のロドリーグ・プロトーさんご夫妻とともにフランソワの自宅に招かれた。

マリーは想像していたよりもはるかに小柄で、発する言葉や振る舞いがとてもエレガントでチャーミングなお姉さん。そして、今回ひとことも台詞を発することなく身体表現のみで三杉穣介という男を演じるロドリーグは、舞台を降りてもなお寡黙で優しい眼の奥にはそこはかとない寂しさを漂わせていた。

窓際に置かれたグランドピアノを弾くフランソワの傍らで、フランソワのパートナーのユナさんが作ってくれたワイルドライスのナシゴレンを味わい、各々がゆったりと会話を楽しんだ。

私はここぞとばかりにマリーへたくさんの質問を投げかけた。フランソワからも「記憶術」をマリーから学ぶようにと促されていた。

マリーは『猟銃』を演じる際に長い台詞を身体の動きと繋ぎ合わせ、脳内ではいくつもの抽象的なイメージを描いていたとのこと、そのイメージが映画のスクリーンのように絶えず現れては消え、また新たな映像が浮かぶということを舞台の上でも繰り返していたそうだ。

時には公園で、またある時はモン・ロワイヤルというモントリオールを象徴する小高い丘の上で、歩きながら台詞を繰り返し、約三カ月をかけて覚えたという。着物を自らまといながら台詞を発するという、日本人にとっても至難の業を、舞台での芝居に熟練しているとはいえ、フランス系カナダ人のマリーが成し遂げたことに、ただただ感服するのみであった。

さて、映像の仕事では、台詞は数回読めばほぼ難なく記憶することができたため、台詞覚えでは今までさほど苦労をしたことはなかったけれど、今回ばかりは一時間半をひとりで喋りっぱなしという、膨大な量の脚本を覚えることに七転八倒した。脚本を書写してみたり、記憶の関連付けのため、抽象的なイメージを思い描いてみたり、記憶術の本で人間の脳は色に反応するという記述を読んでからは、ピンク色の紙にブルーのインクで台本を印刷してもらい、それを音読しながら録音して日がな一日自分の声を聞いてみたりという日々だった。

三週間にわたる稽古は USINE C の最上階の稽古場にて「まず私は、あなたがこの『猟銃』をモントリオールで、そして日本で成功させ、三人の役柄を見事に演じきるために奉仕します。そのためにはいかなる労力も惜しまないし、あなたがそれを成し遂げるために何を必要としているのか、何をしたいのか、遠慮なく言ってください。そのために私の存在があるのだから」という、フランソワのあたたかい言葉から始まった。

そして、「薔子」とはどのような人間かについて話し合いが持たれたのだった。日本女性の象徴のような理想的な美しい母親のもとで、父無し子として育った薔子は自分に自信がなく、それでいて潔癖で完全な人生を求めているのではないか？　というのがフランソワの考察であった。そしてその気持ちが、彼女が大人になることを阻んでいると。叔父と母親の不貞を汚らわしいものと思い、怒りと絶望にさいなまれている。それゆえに大人の世界にも、三杉穣介にも嫌悪感を抱いて明石を去るのだと。

私は「フランソワのおっしゃる通りだと思います。その一方で、薔子はその大人の世界への憧れも少なからず持っているのではないでしょうか」と個人的な見解を述べてみたところ、「それは新しい考えかもしれない」とフランソワ。親の問題はそのまま子が引き継ぎ、何代にもわたってその連鎖は引き継がれるのではないかと思っている。そして、大人の世界を忌み嫌う一方で、薔子の中にもきっと、不貞を犯した母親のような一面が眠っているはずだと。「そうだ、明石に帰って間もなく、薔子も大人の女になるかもしれないね。それなら薔子の最後は、少女から大人の女への変遷としよう」とフランソワから新たなアイディアがもたらされる。

そうした話し合いをしつつも、その大半は雑談で時間が過ぎてゆき、「そろそろ休憩にしよう」とフランソワが言う。「え？　今の雑談は休憩ではなかったんですか？　もう十分に休んだと思いますが……」。訝《いぶか》る私に「僕たちは良く仕事をした。もう今日はお終いにしてもいいくらい充実した時間だったね」とフランソワ。

彼の物作りの過程においては、何に追い立てられることなく続ける雑談こそが、互いを理解し、また私の心を解放する大切な時間であったことに気づいたのは、モントリオールでの公演最終日くらいだったように思う。

フランソワ自ら、ご自慢の茶葉のコレクションの中から「煎茶」、「玄米茶」、「鉄観音茶」、「龍井茶」など数々のお茶を、水のクオリティやお湯の温度にも徹底的にこだわって、一日五時間の稽古の間に何度も振る舞う。その姿に、久々に女性上位の心地よさを覚えると同時に「果たしてこんなにのんびりしていて、本番までに間に合うのだろうか？　本当にこの演出家は稽古をする気があるのだろうか？」と一抹の不安を覚えたものの、やはりフランソワは間違ってはいなかった。

「演出家とは、プロデューサーに予算をねだり、スタッフにはテクニックを要求し、俳優には魂を捧げることを求め、常に皆から奪うものなんだ。しかし、僕だって君たちに何かを与えたいと思っている。それがたとえお茶を淹《い》れることくらいだったとしても」

それは日本の茶人にも通ずる彼一流のコミュニケーション術であり、人心掌握術だったのだ。

そして、ひとしきり長い雑談を終えて一日の終わりに近づいた頃、ようやく「じゃあ、少し何かしてみようか？　身体のありようから探ってみる？」というフランソワの声がけにより、稽古場の中を薔子の気持ちで歩く、という作業が始まった。

「アレクサンダー・テクニークでは、人間の根源はすべて仙骨のあたりにあると考えられている。想像してご覧、母親の死に触れたばかりの薔子は、厭世的《えんせいてき》な気持ちになって、背中に冷たい汗が流れるような……、そう、冷たいんだ。冷たさを背骨の一番下に感じながら歩いてみて」

　イメージしたままに動いてみると、

「踊らないように。表面ではなく、身体の芯で冷たさを感じて。最も大切なのは骨盤だ。骨盤は人の真実を表す。それは決して人を欺けないものなんだ。アイスホッケーの選手もどんなに上半身でフェイントをかけようとしても、骨盤の向きが次の方向を示してしまうものなんだ。美紀、君は本当に薔子の気持ちになっているか、母親の死を感じて呼吸も速くなり、不安のあまり意識があちらこちらに向かって、会話がジグザグミシンのようになるのを、決して表面で演じてはいけない。内面の真実に基づいて演じなさい」と、数十分の間、歩き方を探りながらフランソワがたくさんのイメージを与えてくれた。

「I don't believe you. また歩みが踊りになり始めている。美紀、これは踊りではないんだ」。たとえ日本語を理解しないとしても、フランソワの両眼を誤魔化すことはできない。それが

『SILK』以来五年振りにして、初めての稽古において改めて思い知らされたことだった。

　翌日には哀しき有閑マダムみどりについての対話、そしてみどりの歩きを探った。「みどりは、怒りに打ち震えている。十三年間の苦しみと哀しみは怒りとなって爆発するんだ」。日本人の感覚からは、怒りを露わにすることがためらわれると話すと、「では、日本人は怒りを決して表に出さないと？　君は一度も誰かに声を上げて叫んだことはないと？　美咲？　君はどう思う？」。

　プロデューサーの毛利美咲さんにも、度々意見を求めるフランソワ。そして、毛利さんはいつも公平で的確な答えを示してくれた。確かに、みどりは三杉穣介への手紙をひとりで認《したた》めている。そして、その手紙の中ではもはや体裁を繕う必要もなく、哀しみと失望と怒りがない交ぜになって、爆発して然りなのだった。

　今思えば、私だって人並みに声を荒らげたこともある。なりふり構わず叫んだことだってある。フランソワの人間を見つめる視点はやはり鋭く、深い。そして、前日同様みどりの身体を探ってみる。

「君は歩くときに様式美にこだわりすぎている。これは踊りではないんだ。二日酔いのだるさを身体の芯から感じてご覧。君がいま見せているものは表面にすぎない。もっと内面の真実に基づいて歩いてみるように」

まるで音楽でも聴いているように、あるいはこちらが音楽を奏で、フランソワが指揮をしているような感覚で身体が自然に動かされる。

「Beautiful !」。彼のお眼鏡にようやく適った折には必ず喜びを示してくれたし、一日の終わりには必ず、「君と一緒にこの作品に携わることができて僕は幸せだ。今日も充実した稽古だった」と褒めてくれた。

稽古三日目は、「彩子は井上靖という作家にとって、理想的な女性だったのではないかと思う。非の打ち所がない美しい日本女性だ。果たして彩子のウィークポイントは？」というフランソワの問いかけから始まった。

彩子を想うとき、トリュフォーの映画『隣の女』を思い出してしまう。ジェラール・ドパルデュー演じる男と、その家族が住む家の隣にファニー・アルダン演じるかつての恋人が引っ越してきて、やけぼっくいに火がついたというシチュエーションは『猟銃』のそれとは少々異なるものの、「貴嬢は愛することを望むや、愛されることを望むや」という劇中の問いとともに、彩子の心の奥底に眠っている真実の気持ちを考える度に、「あなたと一緒じゃ苦しすぎる。でも、あなたなしでは生きられない」という、映画の最後の台詞が頭の中でこだまするのだった。

彩子は愛する苦しみよりも愛される幸福を望んだ。それが弱点ではないか。いや、しかし、この世に愛されることを望まない人間があるだろうか。

「彩子をあなたたちは許すことはできる？」というフランソワの問いかけに、前夜にひとりで訪れたワインバーのオーナーの話を思い出した。

モントリオールで連日行列ができる居酒屋「ＫＡＺＵ」のカウンターでイタリア人男性アンジェロと出逢ったとき、モントリオール出身のかわいらしいガールフレンドを伴っていた。しかし、彼の経営するワインバーにて、ひとり遅めの食事をする私に付き添って、話してくれたことによると、実は奥様がいて、今も妻子ともに仲良く暮らしているとのこと。その奥様を愛しているのと同時に、やはりガールフレンドも愛しているのだという。

ここまではよくある話だと聞き流せたのだけれど、「ガールフレンドは妻の存在を知っているし、妻もガールフレンドの存在を承認している。時には三人で出かけたり、僕抜きで二人で食事に出かけたりもしているみたい」と、仰天するような話をし始めたのだった。

長身の彼は決してハンサムとは言いがたいが、穏やかな物言いと柔らかい物腰は、確かに多くの女性から見たら魅力的なのだろう。それでも、妻と愛人が互いに時間をすり合わせて食事に出かけるなどとはにわかに理解しがたい話であった。

さらには「妻は僕たちの関係を書いて記録しているんだ」とのこと。弁護士である彼の奥様が、夫やその愛人を訴える証拠として積年の想いをしたためたのかと思いきや、「妻がどうしても僕たちの物語を映画化したくて、今プロデューサーにその本を預けたところ」と悪びれもせず言い放つのであった。事実は小説より奇なり。その映画を観てみたいような、観たくないような……。果たしてこうした一夫多妻制のような関係はモントリオールでは普通なのだろうか？

「現在進行形の女性たちが仲良く食事をするというのは稀《まれ》かもしれないけれど、ケベックでは別れた夫婦が子供のために、二世帯住宅の上階と下階にそれぞれの新しいパートナーとともに暮らして、子供は父親と母親の家にそれぞれ部屋を持ち、行ったり来たりすることはよくあることなんだ」と演出助手のジョエル。

『猟銃』の物語の中の三角関係に留まらず、その他にもいろいろな愛の形、そして夫婦の形があることを、この数日の間に耳にすることとなった。

こうして約一週間を稽古場で過ごし、それぞれのキャラクターを形作っていった。その週の最後、土曜日には初めてロドリーグが稽古に参加し、本来ならば舞台上では終始、私の背後で演じるロドリーグと対面する形で演じてみることをフランソワから提案された。「舞台の上で台詞を話すのは美紀だけだ。そして多くの場合、ロドリーグは君の視界の入らないところにいる。しかし、彼の存在とエネルギーを常に感じながら演じて欲しいんだ。彼を信頼し、彼のエネルギーを遠慮なく利用しなさい。きっと彼が助けてくれるはずだから」。

彼はかつて「Carbone14」というコンテンポラリーダンス集団に所属し、芸術監督のダニエルと共にUSINE Cの立ち上げに関わった人物であり、ロベール・ルパージュの作品では全裸で悪魔を演じるなど、数々の話題作に出演し、フランソワが演出したシルク・ドゥ・ソレイユの『ZED』、『Zarkana』でもコーチを務めるなど、その功績はモントリオールの演劇界では伝説となっている。

そんな彼には、尊大なところは少しも見られず、常に謙虚に役柄を探求する姿に心を打たれた。稽古時から本番まで開始の四時間前には劇場に入って、一言も発しないにもかかわらずボイストレーニングから始め、身体の隅々まで解《ほぐ》し、また鍛える姿は職人そのものであった。

三人の役柄をお茶とナッツ類の休憩を挟みながら、ロドリーグと共に演じていく。すでに昨年演じた役柄を再び演じるのだから、演技の完成しているロドリーグにお付き合いいただくのは心苦しかったけれど、彼はイヤホンやモニターから送られたキューではなく、「美紀の日本語を合図に演じたいから、稽古は全然苦じゃないし、僕も新たに学びたいから」と言ってくれた。

フランソワも、昨年の動きとは異なる新たな動きをロドリーグに次から次へと提案し、また「三杉穣介とはどんな人物だろう？」という話し合いもした。

「当時イギリスに留学したということは、銀行マンと考えてもいいだろう。人に先駆けて西洋のマナーにも通じたエレガントな男性で、紳士然として現れた三杉穣介が、三人の女性からの手紙によって打ちのめされていく姿を見せるんだ」

と、いつものようにフランソワは、自らの身体と声を使って私たちに伝えたいことを丁寧にわかりやすく説明してくれる。そういえば、会話は常にフランス語と英語、そして日本語が入り乱れているけれど、フランソワは、私たち日本人にも理解しやすい平易な言葉を使って情熱的に話してくれる。

そして、その言葉の裏には含みがないことが、彼の眼から見て取れるので、褒め言葉は素直に喜べるし、厳しい言葉にも、ありがたく耳を傾けることができるのだ。

日本人の、眼が口ほどに物を言い、一を言って十を理解し合うコミュニケーションは大変洗練されていると思うし、古の時代から感情をあからさまに表にするのではなく、隠すことこそを美徳とする文化は、決して嫌いではないのだけれど、その一方で、人の心の機微に敏感な私には、人の発する言葉とお腹の中の矛盾が痛く心に突き刺さることも多々あって、西洋人の正直さが気楽だったりもする。

そして、女性が正直に思ったことを述べても、誰も眉をひそめたりせず、各々の意見は尊重され、それによって立場が危うくなったりしないという心地よさは、何にも代え難い。

その夜、プロデューサーの毛利さん、脚本のセルジュ・ラモット、照明のデイヴィッド・フィン、美術のフランソワ・セガンご夫妻、演出助手のジョエル、ロドリーグたちがフランソワの自宅に集い、『猟銃』の成功祈願と、彼が新たに購入したというスタンウェイのピアノのお披露目を兼ねた会が催された。

「美咲、僕のスタンウェイが調律を終えたら、君に弾いて欲しいんだ。まさか自宅にスタンウェイがあるなんて夢のようなんだ。分不相応だと思っていたけれど、迷うことを止《や》めたんだ。是非弾いてくれるよね？」と、稽古が始まった当初からフランソワは音大出身の毛利さんを口説いていた。そしてようやくその日が来たのだった。

パーティーの始まりには、セルジュがベートーベンの『月光』を弾き、脚本家として文章で語るのみならず、彼が音楽においても語る術を持っていることに皆が羨望の眼差しを向けていた。

そして、フランソワが即興でいくつかの曲を弾き、フランソワのパートナーのユナが惜しげもなく時間を費やして作ってくれたお手製のラザニアをいただいて皆がほどよく酔い始めた頃に、毛利さんがバッハのゴールドベルグ変奏曲を「グレン・グールドに捧ぐ」と言って弾いてくれた。

毛利さんはフランソワの監督した『グレン・グールドをめぐる32章』が日本で公開された

当初、劇場に足を運んで観たというのだ。その瞬間会話がぴたりと止み、皆がピアノの音に聴き入っていた。

「美咲、なんて感動的なんだ、ありがとう。まさか今宵ゴールドベルグに耳を傾けることになろうとは！　グレン・グールドには初期の録音と最後の録音と二種類あるけれど、君はどちらが好み？」との問いには「私はテンポのゆっくりな後者が好き」と毛利さん。一台のピアノが日本から来たプロデューサーとケベックの演出家の信頼関係を強固なものとするのは何と美しいことだろう。フランソワは「美咲が、僕のためにスタンウェイでゴールドベルグを弾いてくれたんだ。心が震えたよ！」と、数日経ってからも度々口にしていたのだった。

　こうして、通常は労働組合の規定により休みのはずの土曜日も返上して、皆がリハーサルに付き合ってくれることになり、二週目には完成した舞台の上で、ブロッキングという立ち位置と照明を決める作業が始まった。

　フランソワの禅の世界を表現したいという想いを、美術のフランソワ・セガンが見事に具現化したセットは、徹頭徹尾、究極のミニマリズムに終始し、そこに立つ私には大変厳しい拠り所なき、誤魔化しの利かない空間であった。

　いつだって平穏な日常を望んでいるし、そうそう大変な思いなどしたくないけれど、結局いつも、いばらの道を自ら分け入ってもがいている。いつになったら楽をできるのだろうかと、その日の来るのを心待ちにしているのに、私のもとに舞い込んでくる仕事のなんと困難なことと。そして、そんな困難を嫌だといいながら、どこかで楽しんでいる自分がいるのであった。

陰陽五行の木火土金水《もっかどごんすい》がすべて含まれた『猟銃』の舞台は、まさに禅の世界であり、それは狭い茶室の中で、決められた手順に従って点前をするにもかかわらず、亭主の人となりが自ずと表れてしまうようなものだった。

そうだ、舞台で繰り広げられる芝居と観客も一期一会なのだ。一服のお茶を点てるかのごとく、お客様をもてなすつもりで誠心誠意演じることが、私に与えられた役割なのだろう。

薔子は石の沈められた水の中を歩き、みどりは天井からの照明により十二マスに区切った石の上を歩く。そして彩子は板の上で着物を纏《まと》いながら別れの言葉を口にする。照明のデイヴィッドによって、谷崎潤一郎の『陰翳礼讃』のごとくわずかな明かりのみで照らされた立ち位置のひとつひとつを確認しながら、台詞のタイミングや動きを計る。

背後でゆっくりと動くロドリーグとの連動を視野に入れながら、フランソワの指示がいよいよ子細にわたってなされ始める。フランソワの新たなアイディアと、この作品のために綿密なプログラミングをしてきたデイヴィッドとの間で、何度か前向きな折衝があった。

デイヴィッドは私の敬愛するガスヴァン・サントの作品をはじめ、数々の名作映画のキャスティングディレクターだった母上と、ポール・ニューマンのアクティングコーチだった父上を持ち、自身もバリシニコフと長年タッグを組んできた生粋の演劇人で、たとえフランソワの要望と言えども簡単には引き下がらない。

それでも二人は大変仲が良く、深い信頼関係で結ばれているところに、プロの心意気を感じる。その一方で、三人の役柄の転換について技術的な問題をフランソワ、そして道具方監督のジェフ、そして美しい、衣装のヴェロニクとともに何度も話し合い、その度に、ジェフと大道具、小道具兼任のティアゴ、またヴェロニクが方法を探って、衣装や小道具に細工をしてくれるものの、また振り出しに戻ったり、さらなるアイディアに従って改良を重ねたり。

「フランソワは完璧主義者だから」といつかジョエルが囁いたように、またヴェロニクが新たなアイディアを提案するはずだから」、そしてジェフが「フランソワはきっとまた「本当にスカートにハサミを入れるのは本番の直前にしましょう。フランソワはいつも遅刻ばかりするし、ず〜っと喋っているし、お茶ばかり淹れて休憩しているように見えるけれど、彼は必ずいいものを作るんだ」、「彼はプリンセスよ。バカンスのホテルは五つ星じゃないと嫌だって言うんですもの」とユナが、さらには「モントリオールにも気難しい演出家はたくさんいるけれど、フランソワはいつも穏やかでいながら機知に富んでいる、素晴らしい演出家だ」とロドリーグが言うように、フランソワの人柄を理解し、傾向と対策を練りながら、皆がフランソワのために時間を惜しげなく捧げ、彼の理想を実現しようと模索していることが、何よりもフランソワが皆に愛されている証しなのだ。

本番が近づくに連れて緊張が増し、覚えていたはずの台詞を忘れたり、決まった動きや立ち位置に囚《とら》われて気持ちがおろそかになったりした。そんなとき、フランソワは繰り返し言った。

「僕を惹きつけて離さないように。大海でマグロの一本釣りをするのと同じだよ。観客の心を摑んで、それを決して逃さないように。今日の最初はよかったのに、途中から君は僕の興味を失った。マグロは餌だけ食らって海に戻って行ってしまった。観客は正直だから、君が魂を置き去りにして表面で演じ始めた途端、劇場を出たら何を食べようかと考え始めるんだ。幕が開いたら満場の観客がいる、それまでは僕が一番最初の観客だ。その僕に他のことを考える隙を与えないでくれ」と。

気持ちは焦る。果たして本番までに間に合うのだろうか？　あるいは本番までにエネルギーを使い果たしてしまうのではないかと。

その傍らで、パリで耳にしていたフランス語とは少し異なるケベックの言葉にも少しだけ耳が慣れ始め、フランソワ仕込みのスラングを口にして緊張を解したりしていた。

ケベック州ではかつてカトリックの影響が強く、その抑圧に耐えかねた世代がカトリックの聖なるものを揶揄して悪態をつくようになったとのこと。キリストの聖体の象徴であるパンを納める箱である聖櫃《せいひつ》をなじって「Tabarnac《タバルナック》!」。また、聖杯をなじって「Câlisse《カーリス》!」などと言う。フランソワが雑談とお茶にかまけていると、「On《オン》 commences《コモンズ》 tu《チュ》? Tabarnac《タバルナック》!」(始めましょう、畜生!)と度々たきつけた。

フランソワはスラングにすら細かい演出を忘れず、少々周りがざわついていたので「Silence《シローンス》! S'il《シル》 vous《ヴ》 plâit《プレ》. Tabarnac《タバルナック》!」(静かにしてください、くそったれ!)と言い放ったとき、「違う違う、S'il vous plâit と Tabarnac はお願いと悪態で相容《あいい》れないから、『Silence! Tabarnac!』(黙れ、くそったれ!)と言いなさい、それから、Tabarnac は、na に強いアクセントを付けること!」などと、遊びも真剣に楽しむ。

「フランス語で『演じる』はJouer《ジュエ》、英語ではPlay、どちらも遊ぶという意味も持つ。我々は舞台の上で子供のように遊ぶのが仕事なんだ。それが演じるということなんだ。決して童心を忘れてはならない」

というように、フランソワと一緒に唄ったり、踊ったり馬鹿げたことをして楽しんだ。そんな風に、仕事場で遊び惚《ほう》けたのは何年ぶりだろうか? 実際、幕が開けるまでの間、私は母親の胎内にいて、みんなの手がお腹に触れて大切に育てられたような、そんな感覚を覚えた。

あるいは生まれたばかりの赤子が、おもちゃであやしてもらいながら、ハイハイをし、つかまり立ちをするようになり、いよいよ歩き出す、そんな過程を辿ってきたように思う。眼にする物、耳にする物すべてが未知で新しく、無知を恥じるどころか、何も知らない身軽さを覚えたり、どちらかというと苦手だった、人に甘えるということが何の抵抗もなくできたりと、すっかり童心に帰ったようだった。

初めのうちは、長い台詞のために一日の血糖値を平均的に保ち、脳をクリアにしようと、栄養価の高いナッツ類を持参していたけれど、演出助手のジョエルも同じようにナッツと生野菜を持ち歩いていたので、いつしかそれをあてにして何も用意しなくなった。

彼がいつも持って来てくれた生のブロッコリーのおいしかったこと。そして、ロドリーグはお住まいのオカから、りんごを持ってきてくれた。一日一個のりんごは医者いらずというから、ありがたい限りだった。

また、ジェフがご実家の庭で取れた新鮮なプルーンを差し入れてくれた際にも、遠慮なくいただき、タッパーに詰めて持ち帰った。照明スタッフのクリスチャンの奥様が焼いた、トマトソースのパイもおいしく頂戴した。もちろん、お茶はフランソワが淹れてくれるのを毎日楽しみにしていた。

墨色の椅子が並べられた静かな劇場は、そうしたスタッフみんなの愛情で常に満たされていた。

腕にタトゥーを入れ、長い金髪を結っている大道具のステファンは、初めてすれ違ったときには挨拶もしてくれなかったのに、ある日突然ビズーをしてくれるようになった。

「舞台初めてなの？　舞台はいいよ」と素っ気なく言ったかと思えば、神経が高ぶって余り眠れない私に「瞑想すれば？　僕はいつも瞑想しているけどね」と外見からは想像もできなかったようなことを言ったりして、いつしか弟のようにかわいく思えてきた。

日本から来たヘアメイクのなつこさんは、ビズーの仕方を枕で練習すると言っていたけれど、いつの間にか自然にみんなとビズーを交わすようになっていた。

ところで、パリでのビズーは右頬を先に近づけるけれど、モントリオールでは左頬から近づくことが多く、何度か左右を間違えて、フランソワと唇が重なってしまったこともあったものの、そんなことすらどうでもよく思えるくらい、家族のようにあたたかいチームだった。

初日を二日後に控えた月曜日、メーデーのような国民の休日によりフランソワと、ロドリーグ、そして毛利さんと日本から到着したばかりのパルコの佐藤玄さんだけで、静まりかえった劇場に集まった。

いつも野菜を持ってきてくれるジョエルに代わって、毛利さんがお手製のきゅうりの浅漬けを持ってきてくれた。日本とのやりとりで昼夜を問わず忙しいはずなのに、ありがたい限りだった。日本では考えられないけれど、演出家の指示を仰ぎながら、遠慮もなくボリボリと音を立ててきゅうりを齧《かじ》り、熱いお茶を啜《すす》るのは贅沢な時間であった。

全体を通すわけでもなく、フランソワの想いに耳を傾け、話し合う時間を持てたことは、本番前に落ち着かない心を静めるのに助けとなった。そして、新たに加えられた、ロドリーグ演じる三杉穣介と彩子の動きがシンクロする場面を、お互いに向き合って演じてみたのだけれど、「恋人たちが忘れられない密度の濃い夜を過ごして、それぞれ身繕いを整えて最後の別れを告げるんだ」とフランソワに言われた瞬間、その言葉がロドリーグの寂しそうな瞳に重なって、この物語の深い哀しみが潮の満ちるように静かに私の心を覆ったことを、生涯忘れないだろう。

日本で言うゲネプロにあたるドレスリハーサルが行われた日、十五名ほどのスタッフを客席の前方に集めてフランソワは言った。

「僕らはみんな、この『猟銃』というシンプルで小さなプロジェクトのために情熱を傾けてきた。脚本のセルジュは実に八年もの間、この脚本に取り組み、何十回も何百回も書き直してきた。『猟銃』の細部について、セルジュに尋ねれば何でも答えが返ってくる。そして、この作品はセットも演出も至ってシンプルだが、簡単そうに見えて、実は複雑を極め、難しい作品でもあった。みんなの協力には心から感謝している。ここにいるみんなは、家族も同然だ。そして、美紀にとっては生まれて初めての舞台だ。これは、初めて飛行機に乗ったときのようであり、処女航海のような……、そうだ、初めて愛を交わすのと同じなんだ。ロドリーグは三十年のキャリアの中で、百回ほどプレミアを経験している。美紀、ロドリーグを頼りなさい。彼は必ずそこにいて助けてくれるはずだから。そして、観客を信じなさい。恐れることなかれ。君が心から裸になれば、観客は必ず君の魂を受け止めてくれるはずだから」と。

バンクーバーでのバカンスから戻り、フランスへの帰国を控えたモーガンが、ドレスリハーサルを見に来てくれた。彼女は私が舞台に上がる直前まで、耳元で「全身が床に吸いつけられるように重く感じま〜す。呼吸を深く吸って〜」などと囁きながら指圧をしてくれた。そして、リハーサル開始の二分前のアナウンスを聞くと、私の頬に口づけをしてそっと客席に戻っていった。モーガンのそうした優しさが、どんなに大きな力となったことか。

初日はオールドポートにほど近いスパで身体を温め、マッサージをしてから劇場へ向かった。

入り口で広報のジャン・セバスチャンが「楽屋がたくさんのお花で埋まっているよ」と知らせてくれた。

思えば、彼の力添えにより、モントリオールの主要な新聞やラジオ、テレビの取材を数々受け、『Voir』というアート新聞では、酒井抱一の『白蓮図』を模して染めた絽《ろ》の着物に、北村武資さんの羅織《らおり》の帯を締めて表紙撮影に臨み、東日本大震災と放射能により虫の息だと思われていた日本人の健在を示すことができた。お陰で「私のことなど誰も知らない土地で、果たして観客が来てくれるのだろうか？」という不安は杞憂に終わることとなった。

いつになく劇場の空気がざわついて、地下の薄暗い楽屋へ入ると、ジャン・セバスチャンの言う通り、沢山のお花とメッセージが届いていた。陽気なジェフが劇用の乱れ箱を持って部屋へ入って来て、いつもの儀式のように彩子の着物と和装小物を私の手でセッティングすると、それと引き替えにスタッフみんなからのお花とメッセージを渡してくれた。

みんな一様に「Merde!《メルド》」と、舞台へ上がる前の願掛けの言葉を書いてくれた。直訳すると「糞!」なのに、まさかこの言葉がこんなに心強く思えるとは。そして「Tabarnac!」の文字も忘れないところがしゃれている。ロドリーグは数日眠れずにいた私を気遣って、オカからネイティブアメリカンのドリームキャッチャーを届けてくれた。俳優の大先輩としてあたたかく迎え入れてくれるような優しい言葉とともに。

モントリオールに初めて降り立ったとき、知り合いはフランソワたったひとりだったのに、今では生まれて初めての舞台を祝ってくれる人々がいるとは、なんという幸運だろう。

プロデューサーの毛利さんからいただいたカードにあった「生きて下さい」という言葉を

胸に、舞台袖の暗がりで、ロドリーグと抱き合って「Merde!」と唱えた。ジェフが十分前、五分前、二分前と知らせに来る度に、心臓が飛び出さんばかりだったけれど、暗転で立ち位置に控えて、ロドリーグの動きを静かに見つめていると、なんとかなりそうな気がした。

もちろん緊張はしていたし、案の定、台詞も間違えたけれど、そのことが心の負担にはならず、むしろ間違えたことで怖い物はなくなった。

「観客のエネルギーをもらいなさい。舞台と客席でエネルギー交換が行われるのを楽しみなさい。そして、ロドリーグを信じなさい」というフランソワの言葉を何度も反芻《はんすう》しながら、いつもよりも密度の濃い空気の中で、三人の女性の魂が私の身体を使って人々の前に現れるのに身を任せていた。

公演の最後、ロドリーグと手を繋いだまま満場のスタンディングオベーションを目《ま》の当りにしたときは、まるで夢のようで、あっという間に一時間半が過ぎていったように思えた。

舞台袖に引っ込むと、そこには、フランソワが待ち受けていて「ようこそ、この素晴らしい舞台の世界へ」と笑顔で抱きしめてくれた。そのとき、ようやく初舞台が喝采のもとに幕を開けたのだという喜びと、この新たな世界へ導き出してくれたフランソワとロドリーグ、そして支えてくださったすべての方への感謝の気持ちが込み上げてきて涙が溢れた。

その夜、劇場に併設したカフェにて、全員がともに食事をした。誰もが幕開けを祝して杯を傾けた。毛利さんとは抱き合って喜びを分かち合った。ロドリーグもセルジュも、フランソワ・セガンもジェフもジョエルも、名前を挙げたら切りがないけれど、皆が私を抱きしめビズーをしてくれた。

「八十歳になっても僕らはみんな友達でいよう。杖を突きながらでも、車椅子に乗っても、またみんなでこうして集まるさ。お互いに年老いてもメールを送ってくれ。その時は、僕は惚《ほう》けてしまっているかもしれない。でもみんな家族だ」とフランソワは言った。遠からず千《せん》穐楽《しゅうらく》を迎え、みんな散り散りになっていくからこそ、つかの間の団らんが愛おしく思えた。

フランソワはリハーサルをしながら度々繰り返した。

「映画でもシルク・ドゥ・ソレイユでも、常に大勢のスタッフ・キャスト、技術的な難題、高額な予算を采配する様々な人々の思惑、広い客席と、目の前には問題が山積している。しかし、この『猟銃』は僕にとって、つかの間の憩いであり癒やしの時間なんだ。脚本があり、キャストがいて観客がいる。ただそれだけのシンプルなプロセスに戻ることは、たとえ大きなプロジェクトで成功を収めたとしても必要なことなんだ。そして、この小さなプロジェクトに貴重な時間とエネルギーを費やすからには、いいものを作らなくては意味がないんだ。でなければ、他にいくらでも商業的な仕事を選べばいいいんだ」と。

フランソワだけでなく、私にとってもこの作品は癒やしのプロセスであったと今になって思う。この作品で舞台の上に立つために、自分の身体の欠陥と向き合った結果、それを受容し、許すに至ったことは、何にも代え難い喜びだった。

いつだったか、敢《あ》えなく落選したアメリカの映画のオーディションで、キャスティングディレクターの女性が冷たく言い放った「I don't believe you!」という言葉が、その後何年も胸に突き刺さっていた。私の未熟さからフランソワにも同じ言葉を言わせてしまったけれど、そこには私をひとりの人間として信頼し、成長を見守ってくれているという安心感があって、長い間うずいていた古傷がようやく完治したような感覚を覚えた。

フランソワはいつだって、不可能と思われることをいとも簡単に可能にしてしまうのだ。その姿からどれだけ多くを気づかされただろう。どれだけたくさんのエネルギーを注いでいただいたことだろう。

旅に出かけた分だけ豊穣な時間を過ごしてきた一方で、騙されたり傷ついたりしたことも多く、少なからず疑い深くなっていたけれど、フランソワをはじめすべてのスタッフのあたたかいサポートを信頼し、遠慮なく甘え、またモントリオールの人々の優しさを素直に受け取ることで、幾重にも覆っていた殻を破ることができたように思う。

人生そのものが旅のごとくあるように、この職業もまた、出逢っては別れることの繰り返しだ。モントリオールでの約二カ月に別れを告げなければならないことは、旅の始まりからわかっていた。ロドリーグと私は日本での新たな旅に出るのだ。
最後にひとことだけ言わせて欲しい。Merci《メルシー》. Tabarnac《タバルナック》!

LE FUSIL
DE CHASSE

ロドリーグ・プロトー

約4カ月を費やした、生まれて初めての舞台作品『猟銃』が京都にて千穐楽を迎えた。演出家のフランソワ・ジラール氏との強固な信頼関係を築きながら三人の女性の役柄を掘り下げていく日々は、モントリオールという遥か彼方の地で稽古を行い、さらには出演者が私と相手役のロドリーグ・プロトー氏だけだったこともあり、誰にも気兼ねすることなく、

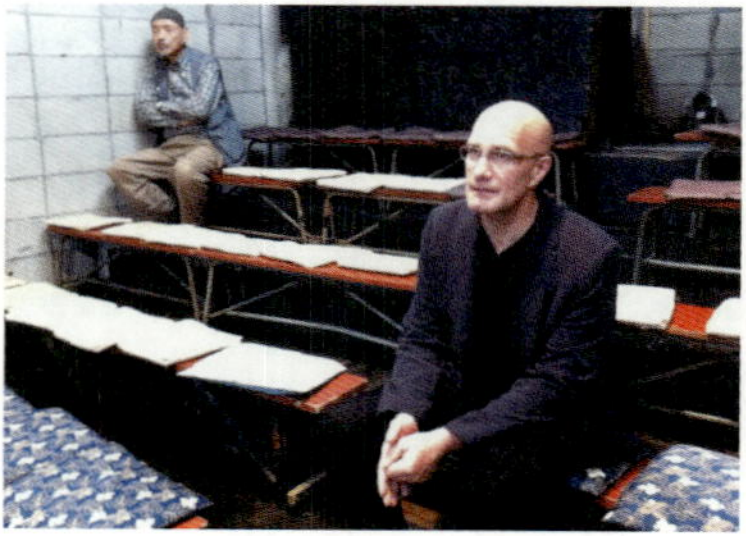

フィジカルアーティストであるロドリーグは、かつてモントリオールを訪れた田中泯さんの舞踏をもう一度観てみたいとのこと、『猟銃』の休演日に連れ立って出かけました

のびのびと自由に、そして真っ直ぐに、ただひたすらこの作品のことだけを考えることが許された贅沢な時間だった。

　人目をはばからず感情を露わにすることなど、自分には不向きだと思い続けてきたけれど、フランソワの情感豊かな演出に導かれるうちに、心が次第にほどけてゆき、自意識や羞恥心などはいつしか雲散霧消してしまった。日本では慎むように心がけていた直截な物言いも、モントリオールでは歓迎され、本音と建て前を推し量る煩わしさからも解放されて、素直に、正直に振る舞うことができた。

　そんな毎日を陰になり日向《ひなた》になり支えてくれた親子ほど年の離れたロドリーグとは、まるで互いを以前から知っていたかのように気が合った。劇場に誰よりも早く現れるのは、ロドリーグか私で、どちらも過干渉を望まないので、挨拶を交わし、互いの体調を確認すると、各々のテリトリーでストレッチを始め、稽古や本番が終わればあっさりと別れていくというリズムを保ち、必要以上に気を遣うこともなく、まるで長年連れ添った夫婦のような、何とも言えない楽な関係だった。

　謙虚で寡黙な彼は、照明の調整で舞台に立たされていたときも、後屈姿勢のまま30分でも1時間でも演出家の要求に応えようと努め、不平を漏らすことはなかった。彼もひとりの人間という有限な存在であることをフランソワが忘れてしまいそうになるくらい、辛抱強く作品に貢献してくれた。

控えめな彼の振る舞いを観察していると、日本人と接しているような感覚にもなった。聞くところによると、モントリオールの自宅ではお味噌汁を作るというし、東京のお鮨《すし》屋さんで好んで食したものは、雲丹《うに》やイクラ、鯖であったとのこと、納豆や梅干しも臆することなく口にしたらしい。

声高に自身の意志を主張することのない彼は、時に遠慮して本当に欲しいものを手に入れられなかったりすることもあるようだけれど、心のなかには決してぶれない軸が存在することも見て取れた。

外国に憧れるばかりで自国の文化を何も知らなかった20代への反省から、少しくらいは誇るべき日本の文化を語れるようにと努めてきたこともあって、ロドリーグの日本滞在中は、神社仏閣はもとより茶の湯や数寄屋建築、能楽、美術、工芸、さらには花柳界など、美しい日本の姿に触れてもらった。

「日本に来てからスーツケースをもうひとつ買わないと入らないくらい贈り物を受け取った」という彼に、私も赤木明登さんの汁椀を差し上げた。モントリオールの長く厳しい冬に、黒い漆の器に注がれたお味噌汁が、彼と家族の心をあたためてくれますようにと。

L'œuf à la coque

古伊万里の蕎麦ちょこを模したエッグスタンドは、このレシピのために多治見市の安藤雅信さんにお願いして作っていただいたもので、受け皿は修善寺の花岡隆さん作

モントリオールでピラティスのインストラクターとして出逢ったクララは、現在早稲田大学で日本史を学んでいる。偶然にも我が家の近所に引っ越して来たため、時間の許す限り食事を一緒にしたり、ヨガクラスへ伴ったりと、年の離れた妹のようにかわいがっている。

「魚を焼くグリルで野菜も焼いていいの?」とか、「炊飯器でご飯が上手く炊けないんだけど、どうしたらいいの？」などと、母性本能をくすぐるようなかわいい質問をしたかと思えば、「今日は私が招待したんだから、食器の片付けなんてしなくていいから、そこにおとなしく座っていなさい、お嬢さん！」と、ユーモアたっぷりな口調で命令したりもする。

透き通るような美しい肌と、目尻の少し下がったつぶらな眼を見ているだけで何故か癒やされるし、精神科医である母上の影響か、弱冠二十歳にして心身の健康やアンチエイジングにも詳しく、話題には事欠かない上、互いに遠慮なく何でも話せるため時間が瞬く間に過ぎる。

そんな彼女が帰省したお土産にプレゼントしてくれたのはブルーアガベシロップとメープルシロップだった。私が糖質を極力控えていることを知っている彼女は、健康のためにＧＩ値の低い甘味料ブルーアガベと、ＧＩ値は高いけれど懐かしいモントリオールの断片を持ち帰って来てくれたのだ。

そこで、彼女を招いた食卓にメープルシロップを使った卵料理を出してみることにした。

材料は、生卵、メープルシロップ、生クリーム、塩、こしょう、あさつきのみ。

作り方は拍子抜けするほど簡単だ。1、生卵の殻を上から5ミリほどのところで切り取る。2、開口部から白身を取り出し、黄身だけを殻の底にのこしてエッグスタンドに据える。3、蒸し器で約1分、黄身の表面がわずかに白くなるくらいまで蒸す。4、蒸し器から取り出した卵の殻の中に、塩こしょう少々、あさつきを散らす。5、最後に角《つの》が立つほどまで泡立てた生クリーム大さじ1杯ほどをそっと落とし、メープルシロップを数滴垂らし、デミタススプーンを添えて供する。

パリの7区、ロダン美術館のはす向かいにある三つ星レストランL'Arpège《アルページュ》から盗んだレシピは、ただそれだけのことなのに、小さなスプーンですくって初めて口に含んだ瞬間、誰もが思わず笑顔になってしまう魔法のレシピである。馬鹿正直にすべて書いてしまったけれど、過程さえ黙っていれば「料理上手」だとか、「センスがいい」とか、「こんなにおいしいもの生まれて初めて食べた」などとお褒めの言葉をいただける盤石メニューなのだ。

クララにはコーヒーの香りのような芳醇《ほうじゅん》さを持つメープルシロップを用いつつ、私はブルーアガベシロップで代用してみたところ、香りは敵わないものの味はなかなか良いではないか！

ヨーロッパの朝食の定番であるエッグスタンドに据えられた半熟ゆで卵のように「L'œuf à《ウファ》 la coque《ラコック》」と称するこの料理を、クララもまた「モントリオールでレストランを開くべきよ」と言うほど喜んでくれたのはなんと幸いなことだろう。

クンオプウンセン

にんにく、生姜、豚バラ肉に海老、そして緑豆春雨、コリアンダー、あさつきなどをスープとオイスターソース、魚醤で味付けするだけの超簡単料理なのに後をひく旨さです

いつの頃からか多忙により少々疲れたときには、タイへ出かけるようになった。

寒さで拘縮した筋肉を温暖な場所でゆるめるためなのか、陰鬱な曇り空から逃れて燦々《さんさん》たる陽の光を浴びるのが目的なのか、冬期にはロシアやヨーロッパからも多くの人々が訪れる。

そして私も、温暖な気候の中でファスティングをしたり、身体を動かしたり、理学療法士によるトリートメントを受けたりして、疲れた身体と心をリセットするために再び旅に出た。

撮影中は、5分、10分で食事を済ませなくてはならないため、日頃から負担をかけている消化器官を休ませるには、フレッシュな野菜ジュースと大麦若葉の青汁で過ごすファスティングが最も適している。さらには、飢餓の危機に陥った身体が老廃物の排泄に向けて働いている間に、チネイザンという腹部の丁寧なマッサージを受けると、腸内環境が整うことはもとより、知らず知らずのうちにため込んでいた怒りや悲しみといった感情が解放されて、涙が出たり雄弁になったりする。とりわけアジアの女性たちは、自分の本当の感情をグッと堪えて生きる傾向にあり、怒りや不安は肝臓などの臓器や筋膜に記憶されるので、それをほぐしてあげることが大切なのだそう。

実はこの10年ほど、訪れる度に必ずお願いしているセラピストの方があり、その間2人の子供を出産しながらも、新たな技術を学んでは私たちが日常を生き抜くための手助けをしてくれている。彼女に逢うためにタイを訪れると言っても過言ではないほど、確かな腕と人格を兼ね備えたノンさんの笑顔を見るだけでも、施術前から身体がゆるみ始める。

余計なことは何も考えず、身体と心の発するメッセージに耳を澄ませ、本当に心地よいことだけを選択する時間は誰しもが必要としているはずだけれど、忙しいさなかにそんなことなど言っていられないのも悲しい事実である。

ところで、今回のファスティングが数年前に日本で行ったときと比べてずいぶんと楽に感じたのは何故だろう。日本では1日2回のにんじんジュース、そして黒糖入りの生姜湯とハーブティーを好きなだけだったけれど、空腹にあえぎ、毎晩のように食事の夢を見たし、3日目には寝床から立ち上がれなくなった。しかし、今回は1日5回のフレッシュ野菜ジュースと2回の青汁、そして無糖のハーブティーを何度でもという日々で、摂取カロリーはほぼ同じはずなのだけれど、空腹はあまり感じることなく、朝からストレッチやヨガ、ジャイロトニックなど毎日2、3時間は身体を動かす余力もあった。思えばこの1年半、糖質を極力制限し、GI値の低い食品のみを口にすることで、私の体内では糖新生といって、身体が自らエネルギーを作り出すプロセスが働いているということを血液検査の結果で知らされたのだった。

そして、ファスティング明けに少しずつ食事の量を増やし、ようやく口にすることを許された海老と春雨の蒸し物「クンオプウンセン」の何とおいしいこと！

素朴な食事をゆっくり味わっていただく、ただそれだけのことが最高に贅沢な時間に思えた。

旅立つ人へ

海の彼方へ旅立つ友人たちに、この国で生まれた人間として何かできることはないかと常々考えていた。

フランス系カナダ人のクララと、その従姉妹のフランス人、タニアは留学期間を終えてそれぞれ自国へと帰って行く。そしてまた、日本とフランスの血を共に引く、まりささんもご

友人たちの着物は、いつも大変お世話になっている呉服店「青山八木」さんにて拝借いたしました。私は本塩沢の単《ひとえ》に築木則子さんの小倉織の名古屋帯を合わせました

主人の勤め先の都合によりアメリカへと旅立つ。

つかの間ではあったけれど、それぞれジャイロトニック、ヨガ、ピラティスと、身体を動かすことを習慣とする者同士が近所の誼《よし》みで集うようになり、私の仕事に伴って京都へ出かけ、都をどりを鑑賞したり、東京国立博物館にて開催されたボストン美術館展を訪れ、曽我蕭白の雲龍図や尾形光琳の松島図を眺めたり、港町の鮨店を目指して特急列車に乗り込んだりした愉《たの》しい日々だった。

彼女たちに日本の良さを伝えたいと願うのと同時に、私自身もまだ知らぬ日本の姿を少しでも垣間見たいと、眠る時間を惜しんで欲張りな遊びのプランを練った。

皆が散り散りに去って行く間際、そうした日々を締めくくる最後の集いは、着付け教室に決まった。タニアは父上の仕事の関係で幼少期を北海道のサホロにて過ごしたことがあり、特別な日には着物を着せられていたという。そんな彼女の写真を見て幼心に羨んでいたクラは、ついに日本で着物を着る機会を得た。フランス人の母上の影響を受けた美しい顔立ちと、すらりと伸びた背に着物は似合わないと思い込んでいたまりささんは、海外での結婚式に着物を着て参列してみたいという。

しおらしく三つ指をついた挨拶から始めてみたところ、3人の女性を相手に着付けの指南をするのは思いのほか大変だった。何せ人様に着付けをお教えするなど初めての経験で、ましてや細すぎるウエストにタオルを巻いたり、ふくよかな胸をつぶしたりと、各々の体型に合わせて補正しながら、自らも着て見せ、さらに手を差し伸べたり質問に応じたり、本業よりも忙しい。本来ならば言葉で丁寧に伝えるべきところを、帯結びに入ると英語はもとより日本語すらおぼつかなくなって、古き時代の師弟関係のごとく「見て習え！」とばかりに、ジェスチャーで乗り切ろうとしたものの、すかさず疑問を呈される。幸いヨガで動きを教えることに慣れているまりさささんの的確な通訳により、かろうじて乗り切ることができた。

思えば生まれて初めて着付けを習ったのは10年前のパリだった。フランス映画で描かれるパリに憧れるばかりで、自国のことを何も知らないことが、いつしか虚しく思えるようになっていた。繕うことなく自然体でいることを許してくれた友人もいたけれど、中身のない空虚な自分が哀しい存在に思えて、日本を求めたのが始まりだった。

今もなおこの国について知っていることは、ほんのわずかばかりだけれど、10年をかけて少しずつ築いてきたものを、別れ行く友人と分かち合いたかった。そして、三度《みたび》もの被曝により終わった国だと思われている日本にいたことを少しでも誇りに思って欲しかった。

ジャワ島　二都紀行

ボロブドゥール遺跡の頂上より、朝靄の彼方に望むのはムラピ火山。日の出前のこの時間が最も美しく見えます

ジャカルタはかつてバタヴィアと呼ばれていた。それは17世紀より約３５０年間にわたったオランダ植民地時代のこと。

インドにおけるイギリスの東インド会社のごとく、オランダもここジャカルタに東インド会社を設立し、商用で借り上げた土地を拠点に、ポルトガルやイギリスの侵攻を退けて、ジャカルタを我が物にし、バタヴィアと名づけた。

第二次世界大戦中の日本統治を経て、独立した現在も亜熱帯の植物が群生しガムランの音色が響きわたる傍らで、オランダによる支配の面影が色濃く残る。

コタ地区に林立するコロニアル調の建物はおもに19世紀のもので、かつてオランダの政治の中枢として君臨したバタヴィア市庁舎はジャカルタ歴史博物館になっている。

炎天下その建物に足を踏み入れると、吹き抜け天井になったエントランスはひんやりとして心地よい。

早速左手の展示スペースへ移動すると、オランダ人によるインドネシア人圧制の様子が壁一面の油彩画に描き出されていた。

2階にはジャワ島東部やカリマンタンで採取されるチーク材の家具の数々が展示されており、直径1・5メートルほどの樹を輪切りにして天板にしたテーブルや、丁寧に細工を施したバックギャモンテーブルなどは、一見の価値がある。

実は我が家でもチークの古材を使用したテーブルを長年愛用しており、インドネシアで作られたそれは、経年による色褪せ具合や、食器の高台で誤ってつけてしまった傷すらもいい味になって、大変気に入っている。

中庭を挟んだ向かい側には、かつてバタヴィア政府の官邸だった建物を利用した「カフェ・バタヴィア」が、旅行者を気持ちよく迎えてくれる。

　ヨーロッパのカフェのようであり、ブラッスリーのようでもある白とこげ茶の空間には、額装された著名人の写真が飾られており、私たちが腰掛けた大きな丸テーブルには、柱からはずしたロバート・レッドフォードの写真が置かれた。

　メニューはなんと、写真の裏に！　エビとアヴォカドのカクテルなどの西洋料理あり、インドネシア風の炒飯ナシ・ゴレンや同じくインドネシア風焼きそばミー・ゴレンありの、折衷カフェである。

　空腹に耐え切れず、慌てて選んだ蟹入りミー・ゴレンのほどは、家庭でいただくような素朴な味で、プラスチック製の中華箸から滑り落ちぬよう大事に食べた。

　大航海時代から、近隣諸国とも交易のあったジャワ島には、安南や中国、そしてもちろんオランダの骨董品が集まり、スラバヤ通りには、それらを扱う骨董品店が群れをなしている。

　スコールが降るなか向かった先には、１間ほどの間口の店舗が並び、ワヤンクリッという影絵芝居に用いる革製の人形や、小さな島の部族のものだという水牛を配した甲冑など、インドネシアの伝統的な工芸品が軒下にぶら下げてあった。

　骨董街特有の胡散臭さ《うさんくさ》はむしろ愉快で、アンティーク風の茶碗が所狭しと並ぶなか、ガラス戸棚の奥に、どうやら本物らしき明朝あるいは清朝の口紅を溶かすために使用された紅ちょこや、安南の壺や茶碗などがちらほら。

江戸末期もしくは明治初期のものと思われる古伊万里の蕎麦ちょこも気になった。

木彫専門店の前の歩道では、なにやらサンドペーパーや彫刻刀で細工をしている輩を発見。「ディス　イズ　アンティーク！」と笑顔で指差しながら、彫りかけのシバ神（ヒンドゥー教の破壊神）を見せる図太さは南国特有のものなのか、思わず声を上げて笑ってしまう。

「メイド　イン　イングランド！」と得意気に見せられたシルバーのカトラリーは、アンティークでこそないものの、シンプルで普段使いによさそうだった。フォークとスプーンを各々10本ずつで60万ルピア。揃いのナイフさえあれば購入したかったけれど、残念ながら叶わず断念。

かねてから大好きだった白磁の器を見ると、やはり物欲が頭をもたげ始め、中国製の小さめのどんぶりを2客、手に取った。

「100万ルピア」と言われ、それが日本円でいくらなのか考えもしないで、まずは「高すぎる」と言ってみる。敵も手ごわいもので、少々の押し問答のあげく、依然として希望価格にならなかったので、「ではまたの機会に。今回はご縁がなかったということで」と帰る素振りを見せると、「OK、OK！　20万ルピア、OK」と、真贋《しんがん》のほどは問わず、納得のいく価格で手中に収めることができた。

かつての都ジョグジャカルタへは、昼時の飛行機で向かった。車で移動中、赤瓦を頂いた家々や、丘陵地に据えられた大きなお墓、そして亜熱帯の植生に沖縄文化との共通項を見出し、いつだったか友人から聞き及んだエピソードを思い出した。

よく知られた八重山民謡の『安里屋ユンタ』という曲の、「マタハーリンチンダラカヌシャマヨ」という囃子《はやし》言葉はインドネシア語が語源だという説があり、「太陽は私たちを見守ってくれてるから感謝しよう」という意味らしいのだ。

そういえば、沖縄の三線《さんしん》などの音階は、ドミファソシドで、レとラがないらしいが、インドネシアのガムランの独特な音階はやはりレとラの抜けたドミファソシドなのだとか。

興味深きは、インドネシアでナシ・チャンプルなる料理が存在し、それは、沖縄のチャンプル同様「ごちゃ混ぜ料理」という意味だというのだ。

心地よい風が吹き抜けるオープンレストラン「ササンティ」では、白米、ターメリックライス、赤米と3色のご飯に、タピオカの葉の炒め物、テンペのフライ、銀だらをココナツとターメリックで煮たもの、ポテトチップスをキャラメリゼしたもの、エビのチリソース風味などなど、数々の料理がどっさりと添えられ、視覚的にも、味覚的にもごちゃ混ぜ感を楽しんだ。

また、バティック工房で、脈々と受け継がれてきた染色法を見学させていただくと、温めたロウで少しずつ綿布に線を描き、糊伏せしては色を染め、再び糊伏せしては色を染めという工程の繰り返しは、琉球紅型《びんがた》のようでもあった。

実際、琉球王朝は、日本の鎖国時代にも東南アジア諸国との交易があったと言われ、ルーツは同じ可能性があるが、真偽のほどはいかに？

話は戻るが、イモギリという村の工房では、子供たちのバティック技術習得を支援しており、厚かましくも、その輪に入れていただいた。

熱でサラダ油のように溶けたロウのポットを子供たちと共に丸く囲んで、与えられた25センチメートル四方の布に少しずつロウを染み込ませてみるものの、慣れない作業では万年筆のペン先のような用具からボタボタとロウが滴り落ち、目の前の子供たちのように繊細で流れるような線にはとても及ばない。いったいどれほどの修業を積めば、あの美しい図案を描けるようになるのだろうか？

染め上がった子供たちの作品を見せていただくと、DNAのなせる業なのか努力の賜物《たまもの》なのか細密な図柄と、意表をつくような色彩感覚に驚かされた。

そして、工房に携わるお母さんたちの手料理をバナナの葉っぱでこしらえたお皿にのせて、自家製のサンバルソース（チリソース）につけながらいただくのは、なんとおいしいこと！

好奇心を抑制できず、インドネシアの台所を覗かせていただくと、屋外にしつらえた竈《かまど》でサンバルソースを作ってくれると言う。

鉄鍋に精製したココナツオイルをたっぷりと熱し、ニンニク、エシャロット、2種類の唐辛子、トマトをそれぞれ素揚げにして、火山の溶岩で作られたすり鉢で潰し合わせる。味付けは、エビペーストと椰子砂糖のみ。

家庭によっては、材料を油で揚げず、生のまま使用したり、熱湯でボイルするだけの場合もあるらしいが、ピリッと辛い中に旨みを含むこのサンバルソースは、ナシ・ゴレンに入れたり、揚げ物に添えられたり、決して欠かすことのできないインドネシア料理の要《かなめ》なのだ。

さて、この度の旅程で最も語るべきは、なんと言っても約1200年もの昔に建造されたボロブドゥール遺跡だろう。

静かな田園地帯に構えるホテル「アマンジヲ」を夜も明けぬうちに出発すると、約20分ほどで、薄暗がりの彼方に120メートル四方、高さ35メートル四角錐状の石塊が現れる。沈丁花《じんちょうげ》のような花の芳香に酔いつつ、明るくなり始めた空と競うように、その塊に近づいていくと、壁面に施された無数のレリーフや、ストゥーパ（仏舎利塔）が浮き立って見え始める。

9段階に回廊が重なるグレートーンのそれは、四角錐状の丘に安山岩のブロックを接着剤なしに積み上げてピラミッドを形成し、そこから掘り進めていったとのことだった。

この世の善と悪、因果応報についての物語が描かれ、酔狂やギャンブルに興じたり、喧嘩などの悪事に身を染めると、輪廻転生で醜い猿のような顔に生まれ変わるという戒めも彫れており、煩悩だらけの己を省みる。

また、利他的に生きることの重要さを説く場面では、床に伏せる病人にオイルマッサージを施す姿が彫られており、そうした善行を成し遂げた者は、権力者になることができるという、極めて世俗的な価値観も。

素足で安山岩を踏みしめ、上段へと登るにつれて、レリーフはより崇高な物語を描き始め、仏陀の前世であるジャータカ物語が連なり、上位3段は不完全なものから完全さへの昇華を象徴するストゥーパが肩を並べる。

この緻密で壮麗な遺跡の建造に携わった時の仏教王国シャイレーンドラ朝も興亡恒《つね》なしの例に漏れず、美しき石塊も周囲を火山に囲まれた密林の中に姿を潜め、久しく発見されることもなかったが、1814年のイギリス人による発掘で千年の眠りから覚めた後、修復を重ねながら、現在もなおこうしてその形を留めているのは奇跡とも言えるだろう。

彼方に峰をなす火山の麓まで広がる密林は、朝もやに霞み、遺跡の頂からそれらの木々を眺めると、ストゥーパが果てしなく連なっているかのように見えて、日が昇る直前の何色でもなく、しかし、何色でもあるパノラマを、呼吸するのももったいないくらい静かに味わった。

空は刻々と明るくなり、朝日はあっという間に射るような日差しに変わってしまったけれど、背筋がゾクゾクするような覚醒感と、御仏を刻んだ大きな石塊に抱かれているという安堵感を得たあの静謐《せいひつ》な時間を、きっと忘れないだろう。

千年もの間ジャングルの奥深く、火山灰の下で深き眠りに就いていた遺跡も今やこのような雄姿を見せてくれる

ボロブドゥール遺跡を眺めながら小高い丘にていただいたアマンジヲの朝食はナシ・ゴレンに春巻き、餅菓子等

城間びんがた工房

窓外の景色を眺めると、目に飛び込んでくる色が黄色や赤、ピンクと、いずれも鮮やかな沖縄の道を車に揺られて、城間栄順先生のもとを訪れた。

福木の濃い緑に隠れて、まさかそこにあるとは思えぬ場所にひっそりと、沖縄の伝統を守ってきた工房が佇む。

城間先生の個展『宝布《たからぬぬ》に華《はな》咲かち』の会場にて出逢った、『魚つなぎ』という図柄がとても美しかったので、名古屋帯を求めました。着物は同じく沖縄のロートン織です

池の鯉が跳ねる音を聞きながら客間へ通され、しばし先生のお出ましを待つ間、飾られたいくつかの作品の中で、芭蕉布《ばしょうふ》に染められた一方付けの宝船から目が離せなかった。

素材は大島だろうか？　銀鼠《ぎんねず》の作務衣姿で現れた名匠の屈託のない笑顔につられて、私も思わず笑みを漏らした。

ご親族を数名含む工房の方々が、真剣に色挿しをするなか、城間先生も同じように腰掛けると、若い女性の毛髪を利用して作られたという筆を手に取り、椅子を移動させながら少しずつ赤い色を挿し始めた。

ファジィという言葉が流行って久しいけれど、色を挿してはぼかすという工程が、手作業だからこそ生まれる曖昧さを残しているのが心地よい。

しかし、紅型の着尺は何枚も型紙を使い分けることもあり、高度な染色にもかかわらず、徹頭徹尾ぴったりと柄ゆきが揃う正確さも併せ持つ。

ため息が漏れるほどの素晴らしいものには多くの場合、緩急があるのだ。

黄色に水色と紫、そして緑に赤、ピンクなどが一反の布に混在する類稀《たぐいまれ》な紅型の色彩感覚を、どのように培っていらしたのだろうか？

「沖縄の自然と共に生きていれば、自ずと鮮やかな色彩が身につくんですよ。釣って間もない魚の色とかね、死んでしまってからではまるで違うから覚えておいたりね」

見たことのないような特大サイズの風炉《ふろ》先屏風《さきびょうぶ》には、海を泳ぐカラフルな魚が染めてあった。

とはいえ、目が覚めるような極彩色の絵柄でも、どこかにホッと安心させてくれる要素があり、素材を生かすために地色を生《き》のまま染めずに使用したという芭蕉布の着物は、確かに呼吸をしているかのように見える。

「ただ紅型の染めが勝てばいいというものではなくて、布を生かすということが大事なんです」

城間先生が語るのを聞いて、自然と人間の共存共栄を思った。しかし、沖縄の自然が開発により破壊される一方では、城間先生の紅型と芭蕉布の関係のようにはいかなくなる。いずれ、発想の源を失うことになるのではなかろうか。

「でもね、失われていくものを嘆くよりは、自分のやっていることに誇りを持っていればいいんですよ」

その言葉に、はからずも目頭が熱くなった。

戦後の瓦礫《がれき》の中から道具の素材をかき集め、沖縄の伝統を復興させた亡きご尊父英喜氏の志を継承し、次の世代にも伝えていこうと尽力している名匠は、どこかで自然の完全な崩壊と伝統の廃退を覚悟しつつ、それでも自らできることを揺るがぬ姿勢で貫いているのだった。

「まだ学んでいない技法があるから、まだまだこれからですよ」

還暦を過ぎた城間先生が慢心することなく夢を抱き続けるのを見て、まだまだ未熟な己が愛おしく思えたのでした。

神宿る花

川瀬先生も足繁く通われるという日赤通りの生花店花長さんにて、芳しい香りをほのかに放って大輪の花を咲かせていたのは蓮農家の方が大切に育んで来た白蓮でした

山の伏流水が地表にこんこんと湧出《ゆうしゅつ》するかのように、止めどなく溢《あふ》れるイメージを表しては流し、また新しい息吹をもたらす。

それが、川瀬敏郎先生という希代の花人に初めてお目にかかり、2時間ほどを茶室で過ごした印象であった。

「なげいれ」と「たてはな」を主軸として、主客の直心《じきしん》を映し出す花を生ける川瀬先生の功績は『今様花伝書』などに詳しく、私が述べるまでもないだろう。

人を食らったかのような紅《あか》い口を広げて、土壁の床の間に飾られていた官能的な山芍薬《やましやくやく》の実は、川瀬先生の手によって花器に見立てた枯蓮《かれはす》の葉に生けられたものの、その場を瞬く間に白嫁菜《しろよめな》という菊科の花に譲ることとなった。

白嫁菜もその場を退き、つつましい白花ほととぎすが、垂直に一本だけ伸びた蓮の茎の下方にひっそりと添えられた瞬間、記憶の扉が全開になり、秘密の思い出にまつわる香りや音、そして温度や風向きまでもが色鮮やかに甦《よみがえ》ったかのようだった。

見たこともない、たった今生けられた花の姿が、人の心の奥深くに眠っていたものを瞬時に呼び覚ます、そんな川瀬先生の花に慈しみを覚え、また同時に恐ろしさも覚えた。

その間、わずかに開けた障子越しの日差しは刻々と変化し、陰影が花に与える影響も、鳥のさえずりも、虫の音も、すべて込みで、この花が生かされる様は、もちろん先生のはからいであった。そう、切り取っては加え、また加えては切り取るという行いが痛々しくないのは、花を「生かす」からなのだ。

写真を撮影することすら惜しまれるほど、目の前で繰り広げられる事の次第を一瞬たりとも見逃したくないと思えた。

花材や時間の制約、あるいは誰かの制止がなければ、インスピレーションの源泉は枯渇することなく、何十時間でも何カ月でも創造し続けることが可能なのではないかと見受けられたほどである。

安易に言葉にするのは躊躇《ためら》われるけれど、人が神と名づけたものが、川瀬先生の肉体を通じて花に宿り、またその場を満たすのを、いったい誰が止められようか。

紙舗直《しほなお》

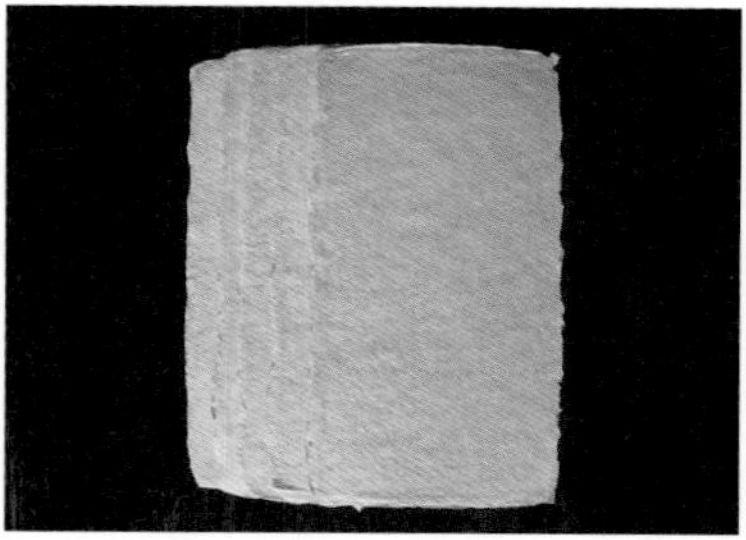

白山通りの店舗では、一日滞在しても飽きないほど、数々の紙がひしめいています。こちらは日常使いにしている変形葉書で、ゆとりを持って文字を書ける大きさが魅力です

行儀よく機械で漉《す》かれた紙へ手紙を書くことに、なんとなく違和感を抱き始めた頃、手漉きの紙を専門に取り扱う紙舗直《しほなお》さんと出会った。

東京都文京区白山の店舗へ足を踏み入れると、幕末の頃、イギリスで作られたアルビオンプレスという手引き活版印刷機が、展示物としてではなく現役の印刷手段としてそこにたたずまうことにまず驚かされる。

1階には白い紙が、そして2階には、店主の坂本直昭氏が自ら天然染料で染めた産地も原料も異なる紙が数万枚、展示・収納されている。

紙そのものと、柿渋や松墨などの香りが入り交じり、BGMすら流れない店内の空気は、探求心に満ちた多感な頃、書店に足を踏み入れたときの胸の高鳴りを思わせる。

「俺《おれ》は日本の伝統だとか、侘《わ》び寂び？　人間国宝だとか、そんなものを扱いたいんじゃないんだよ」

1984年春、彼岸の開店を目前にしてこしらえた棚はガラガラだった。不細工でも、不揃いでもいい、誰かがすでに認め格付けしたものではなく、氏がその足で探し、その目で見つけ出したものをこそ、新たな人生の門出に伴いたかったという。

高知の四万十川上流で、老夫婦が漉く十川泉貨紙《とおかわせんかし》に出会ったのは、開店の1カ月前。機械を使用すれば省ける工程も手で行うこの紙にすべてを託した。

紙を染めるのは、生《き》のままでは売れないからだ。染めた紙の在庫は増えるばかりだが、紙漉き職人から紙を買い続けるという使命のもと、1ミリにも満たない中にある何かを見つけ出そうと、新潟は小国の工房に籠《こ》もり、創作を続ける。

上手くなりすぎないように、無心で刷毛《はけ》を滑らせた紙は、一枚一枚が人格を持っているかのように見える。

胡桃《くるみ》で染めた小国紙を便箋《びんせん》にすべく、その場で水切りしていただいた。筆の滑りはすこぶる良し、この紙とは長い付き合いになりそうだ。

紙の存在意義が問われる昨今、それは命と命を繋《つな》ぐものと言える人はそうそういるものではない。

「実は、千利休を一番意識して、反発しているかもしれないね。彼の美意識を壊したいんだよ」

そんな風にうそぶいてみせる氏こそ、千利休の真の理解者であるように思えて仕方がなかった。

模様悉皆《もようしっかい》

人並みに敬愛してやまない画家はいるけれど、真贋《しんがん》を問わず絵画を自室に掲示することは望まない。作者の主張や魂の叫びを受け止める強さと柔軟性に欠けるからだろう。

しかし、とある場所で見て以来、どうしても我が身に引き寄せたいとの欲望を掻《か》き立てる絵がある。それは、中井亮氏という模様悉皆《もようしっかい》屋さんによって生み出された京友禅の栗の絵だ

敬愛する長谷川等伯の『萩芒図屏風《はぎすすきずびょうぶ》』をモチーフに、夏の絽塩瀬帯を染めていただきました。繊細な筆致とわずかな刺繍で表した風にそよぐ秋草は中井さんならではの美しさ

った。

模様悉皆とは、着物をデザインし、下絵を描き、色挿しや地色の染め出し、金彩銀彩の案配や刺繍《ししゅう》の施し具合などすべてを司《つかさど》り、職人を統括するという、オーケストラにおける指揮者のような存在らしい。

遠目には白かと見まがうような淡い地色に、柔らかく消え入りそうな線で枝を表現し、はらはらと落ちていく寸前の葉、そして金彩がわずかに挿された毬《いが》の割れ目から覗き見える栗を墨の濃淡で描いた付け下げは、絢爛《けんらん》豪華な着物とは異なり、静けさをたたえていた。

個性豊かで、時に人格者とは程遠い職人たちの得意とするところを見いだし、言葉では表現しきれない感性の領域を分かち合いながら、質の向上に尽力する中井氏は、広げた瞬間に称賛を集め、人を熱狂させる観賞用の作品作りとは一線を画し、身に着けるための着物を作り続ける。

下絵だけでも3人の職人を要し、金彩銀彩で覆い隠せばごまかせる輪郭を丁寧に描くからこそ、光を抑えた控えめな表現が可能なことなど、大変な工程についての説明をあえて慎むことも。それゆえ微妙な色合いと繊細な線を「地味」のひとことで片付けられてしまうことも少なくない。「口で申し上げなくても感じてくださる方に着ていただけたら」という口調はあくまでも柔らかく、しかし、本質で勝負する者の矜持《きょうじ》をもった瞳に迷いは感じられなかった。

　大げさなパフォーマンスの時代に、内面へそっと語りかけてくるような静かで奥行きのある作品が表現の可能性を新たに指し示してくれたようで、焦ったり無理をしたりするよりはじっくり機が熟すのを待ってみようかと思う晩秋であった。

うちだ農場

10年ほど前、急須代わりに用いていた南部の鉄瓶にふさわしい湯のみを求めて、麻布十番に店を構える「うちだ」という骨董《こっとう》店を訪れた。土間と土壁の空間に、車簞笥《くるまだんす》や弥生時代の土器などが展示されたモノトーンの空間では、白磁の蕎麦ちょこがひときわ白く輝いており、一目ぼれしたそれらを5客、湯のみに見立てて購入した。

染め付けの器はこの世に数多あれど、やはり白磁の器に強く心惹かれてしまうのです。『花』で花入れとして用いていらした白洲正子さんのように侘《わ》び助《すけ》を生けてみたりします

時を経て、昨年秋に茶封筒で「うちだ農場」という所から有機米販売の案内状が舞い込んだ。送り主は、「うちだ」をたたんで農業を始めた内田明夫氏だった。貴重な玄米を5キロほど譲っていただくと、内田夫妻が耕作し始めて間もない土のわずかな栄養を必死で吸い上げたであろう野趣に溢れたそれは、噛めば噛むほど味が出て、おいしかった。

憧れの晴耕雨読生活を覗き見するような軽い気持ちで、犬蓼《いぬたで》や吾亦紅《われもこう》が自生する長野県の緩やかな丘陵地を訪ねてみたが、現実はそんなに甘いものではないらしい。

自然農を始めた今年からは、耕さず、水もやらず、肥料もやらず、殺虫などもってのほか。雑草も作物の生長の妨げになるものだけを刈り、あとは自然の生態系に任せる。

しかし、瞬く間に伸びる草、そして、目を離すとすぐに肥大する野菜との追いかけっこで、休む間もないとのこと、晴耕雨読ならぬ「晴耕雨耕よ」とみち子夫人は苦笑する。

木曽かぶや辛味大根など、草間で育った取れたての野菜が料理された昼食は、素材の力強い味が存分に引き出され、命の源を頂戴しているという実感があった。骨董も内田鋼一さん(血縁関係ではないらしいが大変親しくされているとのこと)作の美しい器も、無印良品のシンプルなお皿と共に食卓に並び、その扱いに優劣など存在しない。

雑草とも野菜とも見分けのつかない田畑をそろそろと巡る最中、風にそよぐすすきの彼方に、はざ掛けしたばかりの稲が西日を浴びて黄金色に輝く様は、どんな画《え》よりも美しく見えた。

「人が作る物にあまり興味がなくなってしまったんですよ」

内田夫妻が辿り着いた究極のアートは、厳しくも美しい自然という名作だったのだ。

あとがき

すでにお気づきの方もいらっしゃるかとは思いますが、表紙の写真は先の東日本大震災で被災したにもかかわらず、入り組んだ湾の形状が幸いして奇跡的にその美しい姿を留めた松島にて撮影いたしました。

当然のことながら沿岸地域を車で走れば、2階建て家屋の1階部分だけががらんどうになっていたり、積み上げられた瓦礫の中に、そこで生まれ、暮らしてきた方々の記憶の断片が垣間見え、胸がしめつけられるような気持ちにもなりました。どれだけ多くの命が、犠牲になったことでしょう。どれだけ多くの想い出が、波にさらわれて行ったことでしょう。

しかし、日本が誇る名勝地が、あれだけの災害を生き抜き、今も変わらぬ魅力をたたえていることは素直に喜んでよいのではないかと思うのです。

東京国立博物館を皮切りに全国を巡回しているボストン美術館展にて尾形光琳の描いた『松島図』と対面した際に、「そうだ、松島に行こう！」と思い立ち、この度の撮影となりましたが、観光と牡蠣《かき》の養殖が主な産業である彼の地で、新鮮な牡蠣や海鞘《ほや》を味わい、海の彼方に点在する島々を眺めて豊かなひとときを過ごしました。

震災後、風評被害により多くの外国人が国外退去し、日本製品もかつてのようには売れず、海外メディアではすでに滅びた国のように扱われたことは、はなはだ悔しい限りですが、その一方で我々日本人の間で、この国の未来を真剣に思い、たとえわずかでもこの国に貢献したいという気運が高まったことも事実ではないでしょうか。

私自身も、この10年ほどの間、ずっと日本を探し求めていました。そして震災後、さらにその思いを強く抱くようになりました。この国の懐は広く深く、すべてを知ることなど到底無理ですが、少しでも豊穣な日本文化の一端に触れてみたいと思うのです。

時代とともに変わりゆくあるもの、失われつつあるものを引き留めることなど叶いませんし、古の時代より継承されてきたものは、必ず世相に伴って変化を遂げてきたものだと言われています。知らず知らずのうちに、私自身も日本語の乱れに荷担しているのでしょうし、成人式のお嬢さん方が茶色く染めた髪に逆毛を立ててざんばらに散らしているのを横目に見ては嘆息しつつも、それを止めることなど誰にもできないのでしょう。

それでも、何がしかの形で日本の良さを伝える一助になれればと願っていたところに舞い込んできたのが、『白洲次郎』の白洲正子であり、『ＪＩＮ―仁―』の野風であり、『源氏物語―千年の謎―』の紫式部といった役でした。

正直なところ、演じることの意味などわからぬまま仕事を続けて久しかったものの、最近になってようやくその意味をおぼろげに、いえ、はっきりと理解できるようになりました。それはきっと、誰かが言えなかった「ありがとう」や「ごめんなさい」というシンプルな言葉を、観客の皆様に代わって口にすることなのだ、と気づいたのです。

移り気な私の心は、この先もどこへ向かってゆくかわかりませんが、及ばずながらこの国のお役に立てればと思いますし、まだ見ぬ日本の美しい風景を訪ねて歩きたいと切に願っています。

最後までお付き合いくださった読者の皆様に感謝を申し上げるとともに、皆様の健やかな日々を心よりお祈りいたしております。

この作品は二〇一二年九月小社より刊行されたものです。

幻冬舎文庫

●好評既刊
インド旅行記1　北インド編
中谷美紀

単身インドに乗り込んだ、女優・中谷美紀が出合った愉快な人々、トホホな事件。果たして、彼女の運命やいかに——。怒濤の日々を綴った泣き笑いインド旅行記、第一弾！

●好評既刊
インド旅行記2　南インド編
中谷美紀

腹痛、盗難、高山病……。散々だった北インド旅行から21日後、女優・中谷美紀は南インドへ旅立った。パワーアップした彼女のリベンジやいかに——。大好評一人旅の記録。第二弾！

●好評既刊
インド旅行記3　東・西インド編
中谷美紀

北インド、南インドときたら、東も西にも行ってしまえ！　とガイドブックも忘れ、東インドへ出発。道ばたで青年にお菓子を恵まれるほど逞しくなった中谷美紀の大好評インド旅行記、最終巻！

●好評既刊
インド旅行記4　写真編
中谷美紀

インド中を縦横無尽に旅した女優・中谷美紀が、撮った写真の数なんと約三〇〇〇枚。タージマハルなどの観光名所からイケメン修行僧まで。ガイドブックには載っていないインドを大公開！

●好評既刊
自虐の詩日記
中谷美紀

映画「自虐の詩」で、幸薄いヒロイン・幸江を演じる著者。朝の五時から遊園地で絶叫したり、気がつけば今日も二十四時間起きている！　映画づくりの困難とささやかな幸せを綴った撮影日記。

幻冬舎文庫

●好評既刊
ないものねだり
中谷美紀

撮影現場で子供に「オバサン」呼ばわりされ、ファンには愛の証とばかり、牛に「ナカタニミキ」の名をつけられる。さまざまな人生に身をまかせる女優の台本のない日常を綴ったエッセイ集。

●最新刊
給食のおにいさん　受験
遠藤彩見

ホテルで働き始めた宗は、なぜか女子校で豪華な給食を作るはめに……。生徒は舌の肥えた我がままなお嬢様ばかり。元給食のお兄さんの名に懸けて、彼女達のお腹と心を満たすことができるのか。

●最新刊
今日の空の色
小川　糸

鎌倉に家を借りて、久し振りの一人暮らし。朝はお寺の座禅会、夜は星を観ながら屋上で宴会。携帯もテレビもない不便な暮らしを楽しみながら、大切なことに気付く日々を綴った日記エッセイ。

●最新刊
第五番　無痛II
久坂部　羊

薬がまったく効かず数日で死に至る疫病・新型カポジ肉腫が日本で同時多発し人々は恐慌を来す。一方ウィーンでは天才医師・為頼がWHOから陰謀めいた勧誘を受ける。ベストセラー『無痛』続編。

●最新刊
歓喜の仔
天童荒太

誠、正二、香は、東京の古いアパートで身を寄せあって暮らしている兄妹。多額の借金を返し、生き延びるため、ある犯罪に手を染める。愛も夢も奪われた仔らが運命を切り拓く究極の希望の物語。

女心《おんなごころ》と秋《あき》の空《そら》

中谷《なかたに》美紀《みき》

平成27年8月5日　初版発行
令和4年10月25日　2版発行

発行人——石原正康
編集人——高部真人
発行所——株式会社幻冬舎
〒151-0051東京都渋谷区千駄ヶ谷4-9-7
電話　03(5411)6222(営業)
　　　03(5411)6211(編集)
公式HP　https://www.gentosha.co.jp/
印刷・製本—中央精版印刷株式会社
装丁者——高橋雅之

幻冬舎文庫

ISBN978-4-344-42376-3　C0195　な-20-7